四季月朔　　八言律詩
오지여행

오늘　　　　　　
늘　　　　　　
　　여
지　　기
금　　　행
　　　　복

오지여행
오늘 지금 여기 행복

초판 1쇄 발행 2025년 05월 15일

지은이 이현우
펴낸이 장현수
펴낸곳 메이킹북스
출판등록 제 2019-000010호

디자인 최선화, 최미영
편집 최미영
교정 안지은
마케팅 김소형

주소 서울특별시 구로구 경인로 661, 핀포인트타워 912-914호
전화 02-2135-5086
팩스 02-2135-5087
이메일 makingbooks@naver.com
홈페이지 www.makingbooks.co.kr

ISBN 979-11-6791-700-3(03810)
값 16,800원

ⓒ 이현우 2025 Printed in Korea

잘못된 책은 구입하신 곳에서 바꾸어 드립니다.
이 책의 전부 또는 일부 내용을 재사용하려면 사전에 저작권자와 펴낸곳의 동의를 받아야 합니다.

메이킹북스는 저자님의 소중한 투고 원고를 기다립니다.
출간에 대한 관심이 있으신 분은 makingbooks@naver.com으로 보내 주세요.

四季月朔　八言律詩
오지여행

이현우 지음

오늘 지금

여기 행복

메이킹북스

추천의 글

이현우 목사님은 평소에 말씀의 깊은 묵상을 지적 감성과 통찰의 언어로 빚어 내는 특별한 은사를 받으셨습니다. 이 시집은 단순한 시의 나열이 아니라 고통 속에 피어난 꽃처럼 사물과 존재에 대한 깊은 응시와 묵상 그리고 그 안에 담긴 신앙의 울림을 아름다운 언어로 풀어 낸 영혼의 고백입니다.

목사님의 시는 독자의 마음에 고요한 물결처럼 번져가며 지친 삶에 위로와 용기를 주며 상한 마음에 치료가 됩니다. 특히 목사님의 시에는 탁월한 문해력과 풍성한 지혜가 자리하고 있습니다. 사소한 사물 하나에도 존재의 의미를 불어넣고 일상의 언저리에서도 영원을 노래하는 멋진 문학의 통로가 되어줍니다. 한 영혼이 하나님과 교감하며 흘린 눈물과 기도의 결정체입니다.

저는 이 시집을 통해 더 많은 이들이 주님 안에서 새로운 용기와 소망을 얻기를 간절히 바랍니다. 상처 받은 이들에게 치유를, 지친 이들에게는 위로를, 혼란스러운 시대에 내비게이션이 되어 길을 찾게 되길 바랍니다.

진심으로 시집 출간을 축하드리며 이 책이 수많은 독자들의 책상 위에 오래도록 머물며 읽히고 사랑 받고 기억되기를 소망하며 추천드립니다.

2025. 4. 5.
포항항도교회 임명운 목사

자연보다 더 따뜻한 손길로 가난한 이웃의 아픔을 보듬고, 말씀보다 더 깊은 마음으로 농촌의 삶에 하나님 빛을 전하신 목사님. 당신의 걸어오신 길은 고요한 산골짜기에도 생명의 숨결을 불어넣는 길이었습니다. 한평생을 외로운 이들의 벗이 되어 주시고, 침술로 고통을 나누며 살아오신 그 삶은 이미 한 편의 시요, 아름다운 기도였습니다.

그리고 이제, '오지여행'('오늘' '지금' '여기' '행복')이라는 시집을 통해 또 하나의 발걸음을 내디디신다 하니, 진심으로 감격스럽고 기쁜 마음입니다. 자연과 함께 숨 쉬며 써내려간 시편들이, 누군가의 메마른 하루에 따뜻한 위로가 되고, 세상의 변두리에 있는 이들에게 희망의 등불이 되기를 바랍니다.

평생을 조용히, 그러나 누구보다 값지게 살아오신 목사님의 문학적 여정에 뜨거운 격려와 축복을 보냅니다. '오지여행'의 한 구절 한 구절이 이 땅의 또 다른 오지로 향하는 길이 되어주기를 기도합니다. 감사하고 존경을 담아, 격려로 대신합니다.

세계 침구학회연합회 대한침구사 협회 회장 채덕원

작가의 말

설레는 마음으로 봄을 기다린다. 길지 않은 목양 사역 중 매월 첫날 동역자들과 지인들에게 인사하며 올린 마음의 일부를 은퇴 후 엮어 한 권의 책으로 발간하려니 감회가 새롭다. 날이 가고 달이 바뀌며 계절이 변하는 과정에서 자연과 함께 동화됨을 체감하면서 사람이 천지만물과 혼연일체임을 다시금 깨닫게 되고 섭리하심에 순응하는 것이 진리라 고백한다.

졸필을 걸작으로 만들어 주신 메이킹북스 장현수 대표님과 오탈자를 교정해 주신 안지은 선생님, 표지 디자인과 책을 다듬어 주신 최선화 님을 비롯한 출판사의 모든 관계자분들에게 감사드린다.

목사보다 더 힘든 사모로써 교우들을 위해 밤낮 기도하며 정년 은퇴 할 때까지 내조하며 헌신한 사랑하는 아내 장미숙의 건강 회복을 기원하며 이 책을 선물한다.

松泉 李炫宇

오늘 지금　여기 행복

목 차

추천의 글 04
작가의 말 06

봄

봄은 온다 14
늦겨울 이른 봄 16
울진 산불 재난 한가운데서 17
산불 이듬해 맞는 삼월 19
삼월 초하루 21
삼월의 화마 23
울진 불영계곡 25
꽃보다 사람이 아름다워 26
부활 아침 28
울진 산불 재난 후 부활절에 30
오월 32
재난 성금 감사 33
오월 예찬 35
오월의 노래 37
영주 십이경 찬미 39

여름

유월의 시	44
호국 보훈의 달	45
칠월 노래	47
오지여행	49
교회 가는 길	51
비 오는 날 꽃밭	52
팔월 초하루 아침	54
여름 한때	56

가을

구월	60
대학병원에서	62
십이령길	64
한가로운 한가위	65
예 그린 추석	67
시월의 노래	69
풍경	71
시월에	73
슬픈 가을	74
만추	75
카페 오지여행에서	77

겨울

새해 첫날	80
코로나19 새해 풍경	82
새해 아침	84
탄핵 정국 설날 아침	86
이월에	88
일흔 즈음 이월 아침	89
인간극장 목사님의 이중생활	90
갑진년 설날	92
설날에 설날 그리며	94
설날	95
정의를 기대하며	97
한 장 남은 달력 앞에	99
대강절	101
일흔 세모	103
성탄 아침	105
혼돈의 성탄절	107
아기 예수 나신 날	109
새해 원단	110

자유시

3월에 감사	114
봄 희망	116
사월 초하루	118
사월이 희망이다	120
오월에 감사	122
붉은 유월	124
호국 영령 추모	126
칠월에 소망하며	127
감사합니다	129
칠월의 노래	131
십이령길 팔월은 백일홍	133
팔월에는	134
행복한 구월 아침	135
오늘	136
어느 추석 저녁	138
비채거나	139
아름다움	141
더 아름다움	142
십일월 첫날 아침	144
바람	145
첫 번째 대강절	146
갑진년이 밝았습니다	147

동이 터온다	148
원단 기원	149
설날에	151
이월에	152
어중간하고 억울한 이월	153
다사다난	155
체험	156
마지막 달	158
맹장염이	159
두 번째 대림절	160
인생도 익어가고	162
오직 말씀	164
성탄절	166
코로나19 성탄절	168
성탄절 2	170
고맙습니다	171
[부록] 책 속의 사자성어	173

봄

봄은 온다

보드랍고 얇은꽃잎 연초록색 이파리들
벌거벗은 나무들이 기다리던 삼월이네
설레임과 그리움이 난무하는 삼월첫날
겨울에겐 아쉬웁고 봄에게는 아직춥다

그럼에도 불구하고 앙칼맞던 바람소리
따사로운 햇살받아 봄아가씨 숨결같네
소매걷고 맨손으로 흙무더기 풀어헤쳐
고운상토 버무려서 소망으로 꽃을심자

몸보다는 속마음이 더추웠던 계절넘어
가슴가득 들불처럼 차오르는 희망으로
얼음녹아 젖은마음 햇살당겨 말려가며
아직까지 살만하다 한소리로 담아내자

그래비록 아직까지 십이령과 구수곡의
산골짜기 눈과얼음 모두녹진 않았어도
순한바람 볕살실어 낙엽이불 다독이니
뿌리들이 싹틔우고 고운꽃잎 피우리라

거목들이 움직이지 않더라도 봄은온다
얼음장밑 흘러가는 물소리에 스며오고
작은새들 날갯짓과 낙엽덮인 뿌리에도

신비로운 숨결따라 소리없이 봄은온다

25. 3. 1.

늦겨울 이른 봄

이월한때 세찬바람 잠든나목 깨우려고
심산유곡 산등성이 그리바삐 흔들었나
봄꽃맞이 삼월맞이 무에그리 급하여서
이틀이나 잘라먹고 삼월첫날 맞이하니
댓숲사이 냉이향기 돌담밑에 달래향기
이월이긴 삼월풍경 온갖자태 설레이네
비단방석 무색하다 노랑분홍 꽃잎방석
공단이불 저리가라 연초록색 풀잎이불
아기솜털 버들가지 옹망졸망 산수유꽃
허기질때 따먹었던 연분홍색 진달래꽃
아스라이 들려오는 대한독립 만세소리
깜짝놀라 도망하네 큐알코드 방역패스
삼월구일 잊지말고 나의주권 행사하여
자유민주 굳게세워 서로서로 사랑하고
살기좋은 대한민국 자손만대 이어아지

새로운 달을 맞아 QR코드 패스 시대
선거를 앞두고
모두가 더욱 더 건강하고 행복하기를 소망하며
분주한 활동을 위해 기지개를 켜는
응봉산 자락 작은 골방에서 커피향을 음미하며

22. 3. 1.

울진 산불 재난 한가운데서

삼월사일 울진산불 여드레째 타고있네
집도타고 산도타고 몸도맘도 지쳐가네
태고신비 의연자태 청정수역 응봉산아
수백년을 지켜나온 낙락장송 황금송아

부주의한 불씨하나 이큰재난 만들었네
맑은공기 황금송이 어느때에 회복할까
응봉산의 등산객은 언제다시 오르려나
보이느니 눈물이요 들리느니 한숨일세

방방곡곡 도움손길 광장가득 계곡가득
온정어린 손길들이 낙심한맘 위로하고
하늘에는 소방헬기 도로가득 소방차가
거제안산 담양여수 각지에서 오셨구려

전국에서 달려와서 온몸으로 헌신봉사
이웃사랑 자연사랑 동서남북 따로없고
자원봉사 손길들도 너나들이 감동일세
전화위복 사자성어 괜히아니 생겼으니

이제모두 새힘으로 재난극복 오해이해
이난국이 정리되면 서로서로 어깨동무
재물손실 잊혀지나 나눈사랑 영원하니

돈보다는 생명이요 육체보다 영혼이라

사순절을 통과하며 이하루도 이웃가서
놀란가슴 쓸어주며 시린가슴 안아주고
상한마음 위로하여 영원소망 안겨주어
생전겪어 보지못한 내님사랑 심으리라

꺼지지 않는 산불의 연기로
많은 사람들의 호흡기가 상하고

헬기 소음으로 청각장애
환청까지 겪고 있는 사람들을 위해 기도합니다.
이제 더 이상 청정지역이라 자랑 못할까 걱정하며
응봉산 초입에서

22. 3. 11.

산불 이듬해 맞는 삼월

잿빛가슴 드러내고 투정하는 장재산아
일년동안 내려보며 마음졸인 응봉산아
모난돌도 악기삼아 노래하는 구수곡아
무에그리 급하여서 벌써삼월 모셔왔니

달래냉이 씀바귀와 들풀들도 시가되고
청솔가지 댓잎까지 춤사위가 어여쁜데
새벽두시 잠깨어서 이리저리 뒤척이다
십자가밑 무릎접고 지난일년 돌아보니

이틀이나 뺏긴이월 돌려달라 하고싶다
집중조명 많은관심 사랑의빛 적잖은데
옥순집사 춘자집사 아린마음 뉘알아서
두손잡아 모아주며 토닥토닥 위로할까

일호주택 이호주택 왁자지껄 입주잔치
신문방송 기자님들 지역유지 초대하여
입주예배 드린지도 육개월이 되었건만
불량자재 부실시공 모두해체 재시공에

도배장판 하지않고 시공업자 적자타령
어르신들 애타는데 문잠그고 뵈지않네
그많은돈 어디갔나 조사하면 나오겠지

교회자랑 하던입들 쉬쉬하며 눈치주고

동네사람 얼굴뵙기 부끄럽고 죄송하여
고개숙여 유구무언 돌담뒤로 숨고싶다
그리많던 관심모두 결국에는 보여주기
사진이나 찍지말지 언론에나 싣지말지

기념타올 하지말지 목사이름 적지말지
우리마을 사람들께 뭐라변명 해야하고
우리교회 집사님들 무엇으로 위로할까
차일피일 이럴거면 삼월이나 더디오지

좋은 달
새 아침을 선물하면서
약간 위축되어 속상합니다.
고진감래라 했으니
이 달에는 꽃보다 바람보다
좋은 일이 많을 것입니다.
평안과 행복을 기도하며 축복합니다.

새 희망이 움트는 응봉산 아래 작은 예배당에서

23. 3. 1.

삼월 초하루

겨울가뭄 덮어주는 양털이불 눈밭위로
통통튀는 빗방울이 봄채비에 분주한데
사랑하는 사람들과 사는얘기 나누느라
부르지도 않았는데 눈을뜨니 삼월이네

필까말까 망설이는 꽃망울을 터뜨리려
청보리밭 고랑사이 일렁이는 바람소리
가지줄기 물나르는 작은뿌리 젖는소리
닫혀있는 내마음을 열고싶어 출렁이네

추운겨울 이겨내야 따사로운 봄이오듯
아픈고통 겪고나면 건강한삶 감사하고
어둔밤이 지나가야 밝은날이 이르듯이
고난터널 벗어나면 달콤한삶 더욱감사

사순절이 깊어가니 심령고통 영혼고통
흘려주신 주님보혈 죄와고통 씻어주니
무덤열고 부활하신 그아침이 밝아오면
모든사슬 풀어지고 새생명에 참자유라

맡겨주신 달란트로 나그네길 다갈동안
낙심하여 외로운이 어깨동무 벗하구서
상한마음 위로하고 덧난상처 싸매주며

슬플때는 같이울고 기쁠때는 함께노래

　　오래오래 생각해서 한글자씩 모아다가
　　어떤자린 길게쓰고 때론짧게 다듬어서
　　압축되어 깔끔하고 두고봐도 싫지않은
　　팔언율시 가락엮어 시를쓰며 살고싶다

　　살얼음위 녹지않은 내마음의 산기슭은
　　한송이꽃 피우려고 이다지도 에이는가
　　구름처럼 자유롭고 시내처럼 유연하게
　　문득문득 떠오르는 그런사람 되고싶다

　　　쌓인 눈이 점점이 녹아드는 삼월입니다.
　　　　　태동하는 봄처럼
　　　　활기차게 기지개를 펴시고
　　꿈과 소망이 넘치는 나날 되시기를 기도합니다.

　　　　　흰 눈 모자 쓰고
　　　　　하얀 망또 두른
　　소나무가 신비로운 응봉산 초입
　　　　　작은 골방에서

삼월의 화마

연분홍색 진달래와 올망졸망 개나리의
새봄맞이 재롱잔치 가는겨울 시샘했나
순식간에 휩쓴화마 인명재물 앗아가고
일평생의 삶의흔적 잿더미가 되었구나

아무것도 못챙기고 맨몸으로 겨우피신
황망하여 망연자실 추위떨며 낙심할때
동병상련 이웃들이 봄꽃축제 취소하고
이고지고 찾아와서 앞다투어 자원봉사

놀란가슴 쓸어주고 아픈마음 위로하니
다시한번 추스르고 전화위복 만듭시다
잿더미가 거름되어 녹색더욱 짙어지고
돌풍속에 불꽃처럼 새살림이 일어나길

온누리를 에두르는 부드러운 햇살아래
바람싣고 흘러가는 각양각색 구름들과
산과들의 나무와풀 바닷가의 모래까지
새로운달 사월에는 한맘으로 기원하오

월삭 인사 드리기조차 황송합니다.
혹한 동풍 견뎌내고 한창 힘차게 물을 빨아 올리던 나무와 풀들까지....
영덕 실내 체육관 임시 거처를 다녀왔습니다.

건강하시고 평안하여 새 힘으로 함께 다시 일어섭시다.
산불 재난의 아픈 상처가 아직도 채 아물지 않은
응봉산 초입 오지여행 찻집에서

25. 4. 1.

울진 불영계곡

사월뜨락 문지방에 연초록잎 어여뻐라
푸른하늘 조각구름 꿈을싣고 여기왔네
왕피천을 굽이돌아 불영계곡 기암괴석
기분좋은 봄바람에 향기로운 벚꽃터널

세상풍상 어지러워 무릉도원 찾았더니
어느손길 지으셨나 지상천국 예아닌가
돌틈사이 민들레야 언제봐도 정겹구나
진보랏빛 제비꽃도 시샘하며 반겨주네

세상모든 사람들아 헛된짐을 풀어놓고
오늘지금 이곳에서 잠시앉아 쉬려므나
무념무상 들꽃들도 너나들이 벗하여서
명경지수 맑은물에 풍진세상 시름씻네

고난 주간 통과하며 느낍니다.
잔인한 4월이라지만
생동하며 존재하는 모든 것들이
희망을 주기에 참 좋은 계절입니다.
강녕하시고 복이 가득하시길 기도하며

응봉산 초입 작은 방에서

21. 4. 1.

꽃보다 사람이 아름다워

사월아침 초대받고 들길따라 걸어가면
벌거벗은 가지마다 꽃무더기 화려하고
연두빛깔 고운새옷 수정같은 이슬방울
솜털바람 간지럼에 종달이도 지지배배

산자락을 색칠하며 알록달록 피어있는
연분홍색 진달래꽃 병아리색 개나리꽃
순결하고 고상하다 하얀목련 자색목련
돌틈사이 비집고핀 연보라색 연한꽃잎

낮은자리 겸손하게 민들레와 제비꽃도
형형색색 알록달록 어울린꽃 아름답고
고고하게 피었어도 홀로핀꽃 쓸쓸하네
색깔향기 다르지만 함께핀꽃 행복해요

미운가슴 고운정도 맞댄가슴 사랑이죠
아름다운 꽃잎들도 화무십일 떠날테니
꽃잎마다 맺힌이슬 사순절의 기도되고
무명모시 바람불면 화려하던 벚꽃엔딩

꽃잎떨군 흔적마다 잎과열매 무성하듯
수난주간 건너가면 죽음권세 깨뜨리고
무덤에서 첫열매로 부활하신 우리주님

크신은혜 받았으니 우리모두 영생영광

23. 4. 1.

부활 아침

얼었다가 풀어지는 냇물위에 아롱지는
몽우리진 아픔조차 생명으로 승화되니
하얀목련 아래서면 문득미소 피어나고
형체없이 배어있는 님의사랑 영원하다

부활하신 주님함께 동행하기 좋은계절
앞다투어 피는꽃들 아린가슴 토닥토닥
시샘바람 흔들림에 눈뜬새싹 나폴나폴
동안거끝 유채꽃도 유혹하며 사뿐사뿐

산모롱이 돌아드니 얼룩배기 자국마다
산수유와 진달래가 수줍은듯 하늘하늘
강가에선 제비꽃도 장화신고 아장아장
풍경소리 장단으로 개나리도 덩실덩실

만물들이 생동하는 부활의달 사월에는
향기로운 언어들로 기쁨의꽃 피워내고
나보다는 상대방을 헤아리는 마음으로
헛된험담 내버리고 긍정적인 말만하자

매일정성 다하여서 물을주고 햇볕쬐어
향그리며 한포기의 동양난을 가꾸듯이
사순절의 침묵기도 지혜샘물 길어다가

부활아침 그윽한향 온누리에 퍼져가게

백두천지 먹물삼고 한라구름 종이에다
가소로운 치장걷고 진솔하게 담아다가
천년만년 변치않는 금강석에 아로새겨
오고가는 모든세대 되새기게 담아두세

물 오른 나뭇가지가
점점 푸른색이 짙어가는 부활절 아침!
사월을 준비하며 기지개를 편다.

혼닥힌 세상 소리에 귀를 닫고
환희의 계절 아름다운 평화를
마음껏 느끼고 즐기며 건강하고 행복하자.

또록 또록 또로록 시냇물소리
청아한 산골 작은 책방에서

24. 4. 1.

울진 산불 재난 후 부활절에

거친화마 휩쓸고간 산등성이 검은재는
봄비단비 씻고쓸어 상처난데 새살돋듯
부활아침 돋은해가 온누리에 창만하고
풀잎위의 맑은이슬 참생명을 담고있네
검은철갑 소나무는 푸르름이 짙어가고
잿더미된 전소가옥 철거하고 새집되니
몸과마음 입은상처 씻지못할 절망들이
연초록색 예쁜새싹 부활의봄 희망주네
여러분의 사랑으로 감격하고 치유되어
지친심령 회복하니 전화위복 실감하네
칠팔십년 살았지만 이런사랑 처음이라
산불재난 없었으면 몰랐을뻔 했었는데
난세영웅 고진감래 실감하고 깨우치네
잿더미속 부활절이 감격이요 감동이니
모든교회 고마워요 성도님들 감사해요
우리고을 어르신들 교회비난 사라지고
부활절은 어찌알고 축하잔치 참예하러
손에손에 봉투들고 예배당에 방문하니
감사해요 부활주님 고마워요 한국교회
우리들도 일어나면 님의사랑 실천하여
주님께서 보여주신 참사랑을 전할게요

부활 아침
감사의 인사를 올립니다.
큰 사랑 큰 정성 늘 기억하고 간직하며
맡은 사역 잘 감당하겠습니다.
다시 오실 주님과 함께
건강하고 행복한 날들 되시기를 기도합니다.
새 희망이 샘솟는 응봉산 자락 골방에서

22. 4. 17.

오월

풀잎꽃잎 씻어주는 이른새벽 단비소리
기다리고 손꼽았던 계절여왕 오월이네
여기저기 언덕배기 지천으로 흰찔레꽃
한잎두잎 내가슴을 쓸어주며 차오르네

가정의달 오월에는 유독하얀 꽃이많아
사연많은 우리시대 용서빌며 사랑하리
붉게피는 하얀찔레 허기진배 움켜잡고
침흘리던 조팝나무 싸리나무 한움큼씩
흐드러진 하얀송이 벌나비들 춤을추네

아카시아 그숲에는 누이냄새 향기롭고
그꽃향기 잊지못해 이맘때면 설레인다
바라봐도 치유되는 이팝나무 새하얀꽃
이모두가 추억속에 눈에선히 차오르니

아려오고 시려오네 그때에는 왜몰랐나
순결하고 향기로운 하얀꽃의 소중함을
가시덤불 땔감나무 빗자루만 알았는데
많은세월 흐른지금 내인생의 일부였네

21. 5. 1.

재난 성금 감사

주일새벽 문을여니 오월아침 찾아왔네
맑은샘물 세수했나 싱그럽고 청아하다
청보리밭 푸른물결 청춘가슴 설레이고
향기로운 들꽃자태 이팔청춘 처녀로세

천지사방 녹색융단 흉한상처 가려덮어
산과들이 신록으로 계절여왕 영접하니
삼월초입 붉은화마 사월내내 치유하여
아픈흔적 지워지나 생채기는 남게되지

머무는듯 가는것이 나그네삶 세월인가
밝고맑은 오월동산 인생으로 청춘이라
내나이가 무슨소용 생각하기 나름이니
뛰는심장 열정이고 아픈가슴 청춘이라

동백모란 저물면은 향기로운 아카시아
새벽에는 숲속에서 소쩍새가 소쩍소쩍
뒤따라서 화답하듯 뻐꾸기가 뻐꾹뻐꾹
이계절을 노래하니 어찌아니 행복인가

주님사랑 이웃사랑 한상가득 받고보니
살만하다 사람냄새 내님향기 닮았네요
우리모두 감사하며 새힘으로 재난복구

고마워요 이웃님들 축복하고 사랑해요

5월에는
평강으로 더 행복하시고
좋은 일 많으시기를 기도합니다.
변함없는 사랑 감사드려요.
아픔을 희망으로 바꾸며
푸르름을 더해가는 응봉산 초입
작은 골방에서 사랑의 빚진 자

22. 5. 1.

오월 예찬

감사드릴 이가많은 감사의달 오월아침
연초록의 풀잎위에 맺힌이슬 싱그럽고
녹음방초 흐드러진 천지사방 만화방창
눈부시게 하얀꽃이 순결하고 청순한달

보릿고개 넘어오며 불려졌던 쌀밥꽃들
조팝꽃과 이팝꽃이 풍성하게 차려지고
찔레꽃과 하얀철쭉 향기로운 아카시아
꺾이울까 돋아있는 가시마저 어여뻐라

여유로운 마음으로 님겨가는 책상사이
고운말만 골라담은 예쁜시를 읽다보면
좋은사람 속삭임과 새벽에진 별이뜨고
꽃과나무 보노라면 편안하고 환해지네

느릿느릿 꽃피우는 들풀처럼 나무처럼
오늘쓰는 언어들이 한마디더 성숙하고
매일매일 주고받는 고운입술 청아한말
오월에는 새잎돋듯 꽃망울이 벌어지듯

새색시의 설레임과 들러리의 부러움이
곱게새긴 잔주름에 그림자를 드리우고
흰머리와 흰수염이 바람결에 흩날리는

우리들의 청춘에도 뜨거운피 차오르네

푸른하늘 유유자적 하얀돛배 꿈을쫓듯
청춘들의 가슴속에 뭉게뭉게 피어올라
꽃밭곁에 머무르다 일어서는 나무처럼
더푸르게 더예쁘게 빚어가며 담아가세

바람의 소리가 춤추는 오월 아침
좋은 계절이니 좋은 일 많이 생기고
오월만큼 행복했으면 얼마나 좋을까
싱그럽고 고즈넉한 응봉산 초입 작은 책방에서

23. 5. 1.

오월의 노래

밤새도록 하늘에서 아기별들 내려와서
찔레덤불 방석깔고 알몸으로 재잘대며
웃는모습 귀여웁고 눈부시게 어여뻐라
돌담장밑 목단꽃의 엄마미소 인자하다

청보리밭 작은새들 사랑노래 들려오고
바람타고 가만가만 멀리서온 송홧가루
녹차잎의 전설처럼 시내따라 호수까지
산들바람 흔든마음 꽃이되고 시가되네

창가앉아 눈길주는 모든곳이 윤기가득
예배당앞 느티나무 연두색깔 초록초록
찻잔위로 여른여른 햇무리빛 이는경위
사무치게 보고싶은 그대사랑 때문이라

홀로인듯 마음한켠 섧디섧게 녹아들고
외롬일래 생각들면 내가사랑 앓이리라
헤아리며 나선걸음 물이랑을 추스르며
설운가슴 따뜻하고 포근하게 풀어놓자

들풀이나 나무들도 서정시가 되는계절
바람같이 구름같이 깊은숲속 찾아들어
말을아낀 지혜속에 고이담은 기도들로
불신했던 지난날들 뉘우치게 하시옵고

하늘은총 향해있는 지고지순 믿음으로
상한영혼 고이품어 샘물처럼 적셔주고
욕심없고 아낌없는 우리님의 생애처럼
오고가는 모든길벗 축복하게 하옵소서

왜 계절의 여왕이라 하는지
몸소 체감하는 오월
생애 삼모작을 위해 열심히 달립니다.
응원이 필요합니다.
무엇보다 건강이 제일이라 건강과 평안을 기원합니다.

24. 5. 1.

영주 십이경 찬미

일출봉의 굼부리를 호위하듯 감싸도는
아흔아홉 석봉들이 성곽처럼 위용있고
붉은바다 떠오르는 아침해가 장관이라
십이경중 으뜸일세 최동단의 **성산일출**

사라봉의 저녁노을 붉게물든 하늘바다
절벽아래 고래굴과 어촌마을 저녁연기
인간사의 희로애락 차분하게 느낄즈음
석양아래 고깃배도 한가롭다 **사봉낙조**

신선들이 노닐던곳 덜렁귀에 봄이오면
방선문과 한천위로 진달래와 철쭉꽃이
붉은융단 펼쳐놓고 선남선녀 어우러져
새봄맞이 화전놀이 흥겨웁다 **영구춘화**

오현단의 감귤농원 늦가을녘 황금물결
수채화를 뿌려논듯 주렁주렁 장관일세
제주성에 올라가서 익은열매 감상하면
관과원의 가을풍경 운치만끽 **귤림추색**

섶섬범섬 앞세우고 시원하게 트여있고
단애에서 바닷물로 직접낙하 폭포수가
무지개를 배경으로 펼쳐놓은 한폭비단

먼바다서 바라보면 우아하다 **정방하폭**

산아래는 봄이와서 기화요초 만발인데
백록담을 덮은눈은 무심세월 맞섬인가
잔설사이 예쁜꽃들 앙증스레 귀여워라
산봉우리 하얀눈이 선경일세 **녹담만설**

산지포구 돛배타고 갈매기떼 벗삼아서
고기잡이 나가는배 수천척이 어우러져
하나둘씩 밝힌불이 밤바다에 반사되어
불야성을 이룬광경 멋과낭만 **산포조어**

제주도의 말과소는 예로부터 유명한데
한라산을 배경삼은 광활한숲 고마장의
푸른초원 뛰놀면서 한가로이 풀을뜯는
말무리들 바라보는 맛이일품 **고수목마**

한라산의 정상아래 깎아지른 기암절벽
오백여개 봉우리가 수줍은듯 숨어있네
북쪽으로 가던구름 휘몰이로 감아돌면
전설속의 바람소리 신비로운 **영실기암**

해넘이가 멋이있는 큰바위산 중턱에는
깊이파인 자연굴에 고려승려 해일이가
산방법사 자처하며 수도하던 곳이라네
굴속에서 보는해안 일품일세 **산방굴사**

기암괴석 맑은물이 어우러진 용연계곡
용담해안 달빛물결 일렁이며 춤을추면
시회주연 배설하고 풍류가객 흥겨울즘
오징어배 갈치배도 밤뱃놀이 **용연야범**

서귀포구 높은언덕 사라진성 서귀진지
그곳에서 내려보는 바다풍경 한가롭고
남극하늘 노인성별 여기서만 보인다네
왜구침입 막아주던 어디갔나 **서진노성**

23. 5. 31. 제주도를 다녀와서 영주 십이경을 짓다

오늘 지금   여기 행복

여름

유월의 시

고운마음 한귀퉁이 걸려있는 작은액자
돌산비탈 밭둑밑에 앙증맞은 찔레꽃과
청보리밭 고랑사이 수줍게핀 양귀비꽃
솔잎살랑 쉬어가며 속삭이는 산들바람

푸른돌담 이끼사이 설레임이 남아있고
장미꽃잎 고이밟고 유월아침 찾아왔네
아스라이 멀어가나 선명하다 유월함성
후손들의 기억속에 영면하오 호국영령

유난히도 순결하게 온누리에 피어있는
유월꽃잎 하얀꽃잎 그꽃향기 임의향기
살랑살랑 바람타고 스며오는 들풀향기
심부깊이 스며드니 임의숨결 그윽하다

진한 향기를 품고 새로운 달 유월.
산불이 할퀸 자국도 서서히 아물어 간다.
이 모두가 덕분이고 은혜인걸요.
이 달에는 상처입은 사람들과 이제 노래 부르려구요.

응봉산 자락 작은 작은 골방에서

22. 6. 1.

호국 보훈의 달

아카시아 잎새들과 속삭이는 산들바람
코끝향긋 풀내음이 선물같은 맑은아침
산등성이 길게누워 쉬고있는 흰구름이
내어릴적 고향에서 보던자태 닮았구나

   이슬맺힌 풀잎사이 한줌햇살 내려앉고
   보리밭의 종달이의 노래소리 낭랑하다
   모낸논의 맹꽁이들 밤새울다 늦잠들고
   또한뙈기 묵은논이 신록융단 덮여지네

      뻐꾸기와 노고지리 화음소리 어울릴슴
      지천으로 피는꽃들 유월정서 그려내고
      순국선열 선혈인가 붉게물든 넝쿨장미
      삽작위에 울타리에 눈길발길 사로잡고

   산모롱이 외진한켠 모진세월 한결같이
   고운님을 기다리며 수절하는 하얀찔레
   숭고하신 희생으로 가꾸어진 신작로변
   호국영령 추모하는 금계국의 노란물결

짧은세월 살아오며 엮은인연 펼쳐보니
부족하고 흠많은나 덮어주고 감싸주신
예쁜모습 눈에담아 웃음지며 살았구요

멋진음성 귀에담아 기쁨으로 살아가요

시공간을 불문하고 소중하고 귀한만남
따뜻하게 나눈사랑 가슴깊이 새겨두고
조국위해 민족위해 초개같이 목숨바친
호국영령 영웅들을 자자손손 기려가세

장미찔레 금계국이 흐드러진 유월에는
냇물처럼 들풀처럼 모든시름 내려놓고
화려하지 않으면서 순박하고 아름답게
감사하는 마음으로 호연지기 누립시다

24. 6. 1.

칠월 노래

산골시내 물소리가 피워올린 고운안개
상큼하게 다가오는 기분좋은 풀잎노래
칠월첫날 맞이하며 한해절반 돌아보니
만난이들 너무좋아 꽃을보듯 행복했어
좋은글들 모다듬어 고마움을 에두른다
녹음짙은 칠월에도 포도송이 채워지듯
웃는꽃잎 마주하며 미운감정 덜어내고
새들노래 들으면서 사랑한올 더하면서
숲속에서 들판에서 시골에서 도시에서
세상모든 사람들을 꽃을보듯 대해야지
그에게서 풍겨나는 꽃향기를 맡으면서
몰래우는 꽃마음도 헤아리며 살아야지
소풍같은 나그네삶 돌아갈날 가까우니
앎이삶이 되게하여 아우르며 어울려서
고마움을 감사하며 아름답고 향기롭자

금년 7월이 오기까지 무척 길었나 보다.
이달에도 건강하시고 평안하여 행복하세요.
모든 것이 잘 되고
추억의 한 꿰미가
노래가 되기를 축복합니다.

안개가 꽃이 되고 시냇물 노랫소리가
클래식인 응봉산 초입에서

23. 7. 1.

오지여행

돌담장옆 청포도가 송이송이 탐스럽고
이따금씩 이는바람 옥수수대 부추기네
시작이반 이라더니 어느사이 여기까지
두툼하던 캘린더도 허리접고 내리막길

꿈을꾸며 이뤄가는 삶의자락 구비구비
허다하게 많은날중 중요한날 바로오늘
이간단한 진리앞에 너무자주 멈춰서서
지금이란 소중함을 진정인식 못하였네

과거그늘 발목담근 많은이들 살아온길
미련땜에 과거지사 끌어안고 살아가고
어떤이들 소심하게 오지않은 내일인해
불안하고 두려워서 좌불안석 안절부절

새끼사자 닮은칠월 작열하는 햇살아래
십이령길 백일홍이 붉은꽃잎 활짝펴고
망양해변 왕피천에 아이들의 축제소리
구수곡의 거북이가 마음씻는 명경지수

덕구계곡 요산요수 풍류가객 초대할즘
진솔한삶 마음나눌 찻집하나 차렸어요
오늘지금 여기행복 네단어를 조합하여

오지여행 이름지어 모두함께 가려구요

24. 7. 1.

교회 가는 길

맴맴맴맴 매아아암 맴맴맴맴 매아아암
들풀잎새 흠뻑적신 새벽이슬 마르기전
아침부터 매미노래 팔월첫날 마중하네
녹색융단 짙게깔린 산길들길 산나리가
오고가는 길손들을 쉬어가라 손내밀고
뚝방길옆 가로수인 붉은꽃잎 백일홍은
지친길손 외로울라 길벗하자 환영하네
청포도가 익어가듯 청춘들도 익어가는
좋은계절 한싯점에 잠시잠깐 멈춰서서
희희낙락 실려가는 남은생을 샘해보니
보이는건 유한이요 영원한건 무한이라
영생의복 소망하며 두손모아 기도한다
오늘마침 주일이네 예배성공 인생성공

21. 8. 1.

비 오는 날 꽃밭

처마에서 떨어지는 똑똑똑똑 빗물방울
종탑옆의 상사화도 수줍은듯 기울었네

정겨워라 팔월첫날 사뿐사뿐 다가와서
붉디붉은 백일홍꽃 희롱하며 유혹하고

이파리로 꼭지가린 청다래의 앙증맞음
살아있는 모든것을 살찌우는 이성하에

마음의눈 이웃보고 영혼의눈 하늘보며
받은사랑 잊지않고 누린은혜 감사하네

그저받은 값진것들 풍성하게 나누면서
소풍같은 나그네길 어깨가슴 부비면서

기쁠때는 찬양하고 힘겨울때 기도하며
잡아주고 닦아주며 본향가는 그날까지

흉허물은 덮어주고 좋은행실 세워주며
즐거움과 기쁨으로 채곡채곡 누려가세

실비가락 시원한 팔월 첫날 아침
한적한 산골 작은 골방에서

22. 8. 1.

팔월 초하루 아침

밤사이에 부숴졌나 달빛조각 이슬되어
무더위에 지쳐누운 금화규에 젖는소리
새벽녘에 일어나서 안뜰화단 둘러보니
앙증맞은 꽃봉우리 새초롬히 웃는소리

      동녘하늘 물들이며 팔월아침 문을열면
      녹음방초 역동속에 피던꽃들 지는소리
      크고작은 열매들을 키워가는 팔월에는
      십이령길 가는길목 백일홍꽃 잔치소리

           가장긴달 팔월에는 빨간수박 한입물고
           동무들과 냇가에서 놀던풍경 추억하며
           풀잎소리 꽃잎소리 모래소리 들으면서
           가던발길 잠시멈춰 쉼표하나 찍고가세

샘물한줌 목축이며 밀짚모자 고쳐쓰고
걸어온길 돌아보니 자국마다 사연있어
담겨있는 이야기들 고운글로 모아다가
시구하나 다듬어서 솔가지에 걸어놓고

      쉬엄쉬엄 가더라도 뚜벅뚜벅 나아가며
      한걸음에 사랑한줌 또한걸음 믿음으로
      고운단풍 들때까지 감사하며 살아야지

달콤하게 숨쉬는것 이얼마나 행복인가

23. 8. 1.

여름 한때

풀벌레도 지쳐버린 폭염속의 열대야에
한줄기의 소나기가 생각나는 팔월첫날
이슬맞은 풀잎위로 아침햇살 따가웁고
구름한점 없는하늘 바다보다 더푸르다

길가풀섶 산나리와 어우러진 초롱꽃이
짙어가는 녹색물결 몰아오는 여름노래
숙이네집 처마밑에 앙증맞은 채송화는
옹기종기 기대어서 재롱잔치 한창이고

담장옆에 봉선화의 붉은꽃잎 붉은입술
이팔청춘 소녀마냥 정결하고 싱그럽다
역동하는 푸른바다 진동하는 짠내음이
이계절이 젊음임을 다시한번 호시부지

작열하는 태양열기 한여름이 청춘이다
젊은이의 심장같은 폭풍우가 있는계절
푸름푸름 푸르름이 두터워진 여름에는
이따금씩 쏟아붓는 소나기가 반가웁다

찜통같은 열대야가 유난스런 올여름엔
소나기와 같은사람 만났으면 참좋겠다
시원스런 대화속에 흠뻑빠져 젖어버린

숨김없는 모습이면 금지언향 화양연화

24. 8. 1.

오늘 지금 여기 행복

구월

잦은바람 소나기도 끈적이며 괴롭히던
유난히도 더운여름 밤사이에 배웅하고
댓돌아래 내려서니 시리도록 파란하늘
코끝살짝 닿는바람 상쾌하고 달콤하네

매미소리 잦아든숲 귀뚜라미 노래하고
상처입은 잎새마다 아쉬움에 눈물그렁
열정적인 팔월보다 역할많은 구월이라
오곡백과 풍성한뜰 채워야할 시월잔치

산과들의 가객들에 무슨색깔 옷입힐까
하늘하늘 코스모스 고향강변 그려주고
형형색색 국화향기 오래도록 남을테지
하나하나 채운만큼 하나하나 버려야제

소중한것 놓지말고 여유롭고 넉넉하게
나와연한 모든것을 죽기까지 사랑하자
그럼에도 부족하면 내모자란 구석구석
휘영청청 보름달이 밝혀주고 덮어주리

시원한 공기를 데리고 구월이 왔네요

민족 고유명절이 있는 이달에도
행복하시고 건강하세요.
늘 고맙고 감사합니다.
아름다운 뜨락 덕구 작은 작은 골방에서

22. 9. 1.

대학병원에서

무주하고 구천동서 응급차로 대전까지
건양대학 응급실서 심근경색 시술하고

퇴원수속 진행중에 가슴답답 심상찮아
엠알아이 찍었더니 담낭담석 급성염증

담낭제거 수술하고 황망중에 병원에서
약물주사 입원가료 일주일이 지나가네

역할마친 귀한장기 내몸에서 분리되고
고만고만 아픔으로 한줄문장 태어난다

잎새하나 떨구면서 열매더욱 완숙되듯
장기하나 들어내니 흐려진영 맑아지네

새로맞은 구월달은 색과맛이 더욱풍성
지기전의 잎새들이 고운단풍 물들이듯

썩어질육 다스리며 맑은영혼 만들어서
아름다운 단풍처럼 아름답게 익어야지

풍성함으로 채워질 좋은 계절 9월에
병원에 누워

23. 9. 1.

십이령길

새벽녘의 찬바람에 멀어지는 파란하늘
뭉개뭉개 펴오르는 변화무쌍 구름송이
솜사탕을 그렸다가 어느사이 돛배되어
바람구름 놀고가는 응봉산정 머물렀다
쌍돛대를 올리고서 바람타고 유유자적
폭염싣고 구월향해 서쪽하늘 건너가고
산허리를 감아돌던 낭만가득 안개강은
기암괴석 신비로운 덕구계곡 내려앉아
백일홍의 꽃망울에 송알송알 맺히더니
생자필멸 회자정리 또르르르 떨어지네
긴긴여름 망중한에 준비하지 못한이별
아쉬움에 챙기려니 일모도원 도행역시

24. 9. 1.

한가로운 한가위

가늘세월 변화무쌍 많은것이 낯설어도
담장위로 오신달님 한별같이 정겨웁고
이상기후 열대야로 여름밤이 길었지만
고개숙인 벼이삭과 귀뚜라미 노래소리

풍찬노숙 타관살이 나그네길 한갑자라
반백머리 민둥산을 쓰다듬는 달빛손길
부드러운 감촉으로 어깨위에 느끼면서
눈감으면 어린시절 동네어귀 아이소리

음력팔월 추석바다 찾아오신 저달빛은
높은곳도 낮은곳도 평등하게 비춰주어
이승저승 가족들의 그리움을 풀어놓고
더불어서 사는삶을 우리에게 보여주네

휘영청청 보름달님 하염없이 바라보니
오래입은 의복처럼 주름져진 육신속에
아스라한 추억너머 대광주리 송편마냥
천진난만 아이하나 예나지나 이팔청춘

스쳐가는 바람결에 속삭이는 나무와풀
모진계절 견뎌내고 아름답게 물들채비

비와이슬 채워놓은 시내소리 들으면서
어린마음 잃지않고 곱게곱게 익어야지

24. 9. 16.

예 그린 추석

저산마루 고운노을 금빛단장 분주할새
아스라한 황톳길을 동심으로 달려가니
흩뿌려진 코스모스 춤을추며 반겨주고
황금물결 일렁이는 가을들녘 안겨오네
한겹두겹 세월속에 깊게패인 이랑마다
안좋은건 기억으로 좋았던건 추억으로
수놓아진 자국마다 다채로운 색깔들이
바람실린 구름처럼 그리움이 밀려오고
차오르는 밀물처럼 설레임이 달려오네
우리엄마 치마폭에 달이뜨던 한가위가
누이들의 눈동자에 담겨있던 보름달이
금년추석 저녁에는 내여인의 새가슴에
가이없고 처연하게 내려앉아 두근두근
하늘향한 코스모스 길목마다 하늘하늘
벌레먹은 이파리를 채색하는 빛의소리
사랑하는 벗님들과 마주함이 화양연화

가실 것 같지 않던 무더위도 어느 사이 물러가고
아침저녁 상쾌한 바람이 기분좋은
가을의 문턱 넘어
우리 민족의 고유명절 추석이 왔습니다.

온 가족 모두 화목하고 행복하게 보내시고
여유로운 쉼을 나누시는 복된 연휴 되십시오.

향기 짙은 가을에 더욱 깊이 빠져드는 응봉산 자락
한적한 산골 작은 골방에서

23. 9. 28.

시월의 노래

고요하고 적막함이 산골에서 내려오다
장닭소리 소스라쳐 안개걷고 일어나네
귓부리에 닿는공기 시월소식 담아왔나
물불난리 겪으면서 희로애락 맛보았고
위정자들 가증하나 민초들은 사랑덩이
툴툴털고 허리펴며 고개한번 돌려보니
삼월보다 팔구월이 훨씬빨리 다녀가네
검은상처 덮어주던 푸른물결 잎새들이
알록달록 물들이며 이내마음 싸매주네
벌레먹혀 뚫린자국 더욱곱게 물들었고
고운주름 이쁜단풍 오곡백과 기른훈장
소슬바람 불어오면 가지두고 내려앉아
북풍한설 이불되어 따뜻하게 덮어주다
새봄되면 거름되어 모든영양 공급하지
이와같은 우리네삶 이땅에서 나그네라
미운마음 갖지말고 세워주고 추켜주며
누린은혜 감사하고 약한이들 사랑하세
모든여행 끝이나면 돌아가얄 집있으니
하늘푸른 이가을은 천지사방 축제로세
다시한번 시름놓고 눈물나게 춤을추세

시월 초입에 문을 엽니다.
전화위복에 고진감래라
이 가을에는 좋은 일만 풍성하시기를 소망하고 축복하며
높은 하늘이 더 푸른 응봉산 자락 작은 골방에서

22. 10. 1.

풍경

시월에는 산과들에 열매만큼 시가많다
채운만큼 비워내는 보석같은 순환진리
잃는것이 성숙이라 속삭이며 흐르는물
들국화꽃 향기속에 연모지정 아로새겨
사랑한단 말보다는 붉은석류 드리구요
벌레먹은 나뭇잎에 주홍빛깔 얹혀지면
좋아한단 말대신에 빨간홍시 드리지요
열매위해 나무와풀 한겹한겹 옷벗을때
기도한단 말대신에 탱자향기 보낼게요
푸른하늘 가득담아 투명해진 내마음을
각색단풍 물들이면 따뜻헤질 내마음을
둥근달에 담아놓니 소용될때 가지세요
이렇게나 좋은날이 우리생에 선물이죠
때를알아 철이드니 모든벗님 정다웁고
하나둘씩 내려놓니 영혼무게 깃털같아
본향가는 등봇짐이 가벼워서 망극지은

시월 첫날 상쾌한 아침
좋은 날만 계속되시고
들녘만큼 풍성하게 거두시기를 기원합니다.
이제 하루하루 변해가는 풍경들이 행복을 주실 거예요.

건강하시고 은혜로운 달 되세요.
아침엔 더욱 경건한 응봉산 자락 작은 골방에서

23. 10. 1.

시월에

어느사이 옆에와서 지친어깨 다독이는
서늘해진 바람결에 글머리가 흩어진다
열정으로 타오르던 여름한낮 햇빛으로
열상입은 잎새들은 그얼마나 아팠을까

유별났던 지난여름 견디어낸 생채기가
푸른잎새 노을처럼 아름답게 익어가면
떫은감이 홍시되듯 석류알이 보석같듯
우리네삶 언저리도 색과향이 어울린다

응봉산을 넘어가며 노을비낀 붉은해는
한낮중천 태양같은 욕망패기 없지마는
온누리를 아름다운 관광명소 만들듯이
단풍처럼 노을처럼 인생들도 그렇다네

시월에는 푸른하늘 구름꽃이 무쌍하다
피었다가 사라짐은 또새로운 시작이라
봄민들레 홀씨처럼 맹그로브 나무처럼
내려놓은 크로노스 한결같은 카이로스

24. 10. 1.

슬픈 가을

맹추지절 산천초목 녹의홍상 고운자태
푸른하늘 하얀구름 춤사위로 유혹하니
바람타고 가던걸음 잠시멈춰 쉬어가네
솔가지를 방석삼아 만산홍엽 둘러보니
심사유곡 실개천도 풍류가객 환영하네

아침저녁 찬바람에 고운단풍 내려앉고
밤새내린 무서리에 못다자란 연한새순
앙증맞은 작은열매 가슴속에 멎었구나
이땅에서 못피운꽃 하늘에서 다펼치고
형형색색 별이되어 아름답게 비춰다오

동짓달이 밝았습니다.
축제가 재앙이 되어버려서 가슴 한켠이 싸아합니다.
오늘 숨 쉬는 것 감사하며 건강하고 행복하세요.
축제를 추모하며
날마다 마음이 씻기는 산골 작은 예배당에서

22. 11. 1.

만추

푸른계절 다보내고 단풍잎에 지는세월
소슬바람 한줌이고 넘어가는 산능선에
꿈을꾸고 키워오던 내고향이 걸려있네
황금빛깔 은행잎이 이리저리 뒹굴다가
지난추억 책갈피에 차곡차곡 내려앉아
봄날보다 아름다운 그림한폭 그려주네
예배당옆 노란장미 핏빛물고 전하는말
돌아가긴 이미늦어 너무많이 와버렸어
높은하늘 깊은마음 붉은해를 껴안으며
지나온길 돌아보니 그런대로 잘살았어
아픈곳은 노려내고 상저난곳 감싸면서
굽은길은 굽은대로 곧은길은 곧은대로
심산유곡 물흐르듯 거치잖고 예왔구나
막차놓쳐 걸어가며 풀벌레들 노래듣고
달님별님 벗하여서 작은들풀 보다듬듯
섬세하신 그분손길 깨달으며 철들었네
미련없다 버리지는 차마못할 시간이라
지금아닌 머언훗날 나비처럼 훨훨날아
우리님이 펼쳐놓신 꽃밭에서 춤추리라
생각하면 생각수록 인간만사 망극지은

11월의 좋은 아침
높푸른 하늘 아래 샛노란 들국화가
앙증맞게 재롱입니다.
구월과 시월은
내게
자취도 남기지 않고 가 버렸네요.
또 한 번 좋은 달,
한 해의 결실 잘 쌓으시고
건강하시고 행복하세요.

11월의 향기가 싱그러운 응봉산 자락 작은 예배당에서

카페 오지여행에서

쌍화차향 짙어가는 오지여행 창가에서
십일월을 맞이하며 망중한에 차한모금
애시당초 만물지중 작정한것 없다해도
녹음방초 푸른잎도 지고나면 낙엽이라

일년삼백 육십오일 소용없는 날없건만
너나없이 늙어가는 뒷모양이 쓸쓸하네
보란듯이 이뤄놓고 자랑할건 없지만은
각자나름 열심으로 흘린땀이 얼마런가

가시밭길 조심조심 살펴가며 헤쳐오나
잠시한눈 파는사이 찔리기도 다반사요
어둔밤길 밝혀가며 더듬더듬 걸어오다
돌부리에 채이면서 넘어지기 부지기수

때때로는 갈림길에 갈등으로 방황하다
두려움과 외로움에 잠못드는 밤도많아
하고많은 세상사라 너털웃음 한번웃고
소맷자락 툴툴털고 저들처럼 살고싶다

의연하게 자리지켜 하늘고인 저산처럼
돌아가고 스며들며 떨어지는 저물처럼

억만겁을 돌았어도 늙지않는 저별처럼
저바람과 저구름과 숲과나무 저들처럼

24. 11. 1.

겨울

새해 첫날

안개비가 자욱하게 짙은어둠 씻어내고
정결하고 깨끗하게 새아침이 밝아왔네
새해라는 이름으로 한아름의 꿈을담은
선물같은 귀한시간 책갈피에 꽂아둔다

        살아오며 닿은인연 소중하게 헤어보며
        다가오는 사람들을 설레이며 기대하네
        삶의무게 짓눌려서 어깨허리 무너져도
        아무렇지 않다는듯 웃으면서 반겨오네

늦은봄날 무심하게 스러지는 꽃잎처럼
한장꽃잎 무게로도 기도하게 하는이들
슬퍼눈물 훔치면서 아픔으로 오는길손
내게주신 사명으로 싸매주고 닦아주며

        차한잔의 향기처럼 맑은영혼 피워내고
        풀잎적신 이슬처럼 지친마음 씻겨주고
        냇물처럼 바람처럼 거침없이 살아야지
        사랑하는 사람에게 말이무슨 소용있나

기쁠때에 함께웃고 아플때는 안아가며
오랫동안 쌓인정이 눈빛속에 스며있어
몽돌처럼 가지런히 꽃잎처럼 포개어서

주와나만 아는비밀 천국까지 들고가리

올해에는 몸과마음 아픔없이 건강하게
태양같은 열정으로 멋지게들 사십시다
쇠한육신 곤한영혼 주께모두 올리오니
주여이제 온전하게 치유하게 하옵소서

코로나19 새해 풍경

다사다난 사자성어 안성맞춤 경자년이
청솔바람 타고오는 신축년에 밀려가네
매년매해 새해맞이 인산인해 관광명소
코로나로 출입금지 적막강산 낯설구나

지방관리 거동보소 우리고을 오지마소
가족이든 친척이든 악한괴질 묻어올라
나그네도 한밤중에 아랫목에 재우시던
한민족의 좋은인심 괴질앞에 묻혀지네

청댓잎에 머문바람 송구영신 처연하다
아쉬움도 설레임도 이제모두 챙겨넣고
새로운해 맞았으니 목표계획 잘세우고
정성으로 두손모아 기도하며 간구하세

지난해의 고난질고 녹는눈에 쓸려가고
새힘받아 정진하여 고진감래 참맛보세
영과육이 건강하고 풍수지리 화합으로
농사풍년 사업번창 우환질고 몰아내어

비대면을 대면으로 서로사랑 얼싸안고
어깨동무 춤을추니 우리사는 이세상이

찾고찾아 헤매이던 지상천국 아닐런가
멀리가서 찾지말고 이미온것 누립시다

코로나가 창궐할 때
적막하나 포근한 산촌 작은 골방에서

21. 1. 1.

새해 아침

다사다난 갑진년이 역사속에 들어가고
새로운해 맞이하니 기대감에 설레인다
새해에는 이제그만 세상소음 지워내고
세워주고 섬기는일 많았으면 참좋겠다

오고가는 길손들의 갖은사연 보다듣어
작은촛불 밝혀놓고 정성으로 우려내어
빛깔곱고 향기진한 한잔의차 받쳐들고
사람냄새 맡으면서 살았으면 참좋겠다

올해에는 사람들이 순했으면 바라본다
어떤곳에 있더라도 무슨일을 하더라도
한잔차도 마시는이 마음으로 달여내고
때와일의 그중심이 사람이면 더좋겠다

옷을입고 밥을먹고 잠을자는 일상에도
옷을짓고 농사짓는 이들에게 감사하고
기억하고 찾아주는 이웃들과 더불어서
흘러가는 강물처럼 살았으면 더좋겠다

새해에도 맑은날과 흐린날이 교차하고
먹구름도 몰려오고 비도가끔 오겠지만
어둔구름 걷혀지고 햇살밝은 날이많아

일한기쁨 좋은열매 거두리니 참좋겠다

탄핵 남발, 계엄, 탄핵소추
혼란한 정국 가운데 새해를 맞으며

25. 1. 1.

탄핵 정국 설날 아침

응봉산정 양털모자 바람담아 눌러쓰고
마른가지 눈꽃눈물 지난세월 톺아본다
국민학교 이학년때 서릿발선 논보리밭
선생님과 아이들이 한고랑씩 밟아가다

새싹보리 상처보며 마음아파 여쭸더니
선생님이 하신말씀 일평생의 푯대였네
보리밭을 밟는것은 생장력을 강화하고
잎과줄기 입은상처 웃자람을 억제하고

여러잎이 움트는것 촉진시켜 주는효과
이때생긴 상처인해 수분증산 작용으로
세포농액 증가하여 내한성이 강해져서
많은열매 수확하는 풍년으로 이어지네

이번명절 설날에는 집집마다 마을마다
가족사랑 나라사랑 훈훈하게 꽃필텐데
청솔가지 아름다운 눈꽃보며 웃던날도
아픈계절 서러움에 대해서도 입다물자

얼음장밑 맑은냇물 예나지나 흘러가고
푸른하늘 흰구름이 속절없이 흘러가도
우리네들 발걸음이 느려지고 좁아져도

그 세월참 덧없다고 한탄하는 말도말자

인생이란 살다보면 고난질고 많기도해
굽이굽이 겪게되는 돌짝밭과 가시밭길
어떤때는 어둠들이 죽일듯이 서성이나
약한나를 더강하게 하시려는 것이려니

이나라에 민족위에 더욱크게 쓰시려는
놀라우신 하나님의 섭리임을 인식하고
짓눌리고 끊어져도 더힘있게 살아나는
저들판의 건강하고 더푸르른 보리처럼

에일듯한 찬바람을 가슴으로 맞서면서
의연하고 정정하게 버티어선 나무처럼
따뜻하고 아름다운 꽃바람을 소망하며
시나브로 지체된것 곰비임비 헤쳐가자

25. 1. 28.

이월에

매화나무 가지가지 꽃봉오리 매어달고
하얀눈밭 푸른보리 새순하나 더내밀며
벌써란말 무색하게 이월아침 찾아왔네
마른풀섶 사이사이 새순들이 소록소록
볕짚아래 마늘양파 기지개로 두팔펴고
산중턱의 고로쇠물 살얼음에 시원달콤
입춘절기 지났건만 귓볼시린 찬바람은
오는봄을 시샘하는 견딜만한 꽃샘추위
겨울잠깬 나목들도 새옷입을 채비하고
모진겨울 이겨내고 삼라만상 치장하듯
우리삶도 사람사이 온갖풍상 겪었으니
보리처럼 마늘처럼 한겨울의 매화처럼
더푸르고 아름답게 향기로운 봄누리세
동지섣달 긴긴밤도 일이월의 설한풍도
아름다운 봄을위한 창조주의 섭리라네

23. 2. 1.

일흔 즈음 이월 아침

새해첫날 맞이한게 엊그젠듯 선명한데
잠시한눈 파는사이 금세지나 가버렸네
육십킬로 가던시간 칠십킬로 접어드니
재촉하지 않았어도 이월첫날 저물었네

                떨어질듯 익어버린 추운겨울 보내려고
                얼음장밑 겨울강물 숨어우는 바람소리
                기다리는 그대소식 나목사이 끼었어도
                두근두근 내마음은 분홍꽃이 피었어요

꼬리잘린 이월은요 어중간해 보이지만
익은강물 새봄으로 이어주는 징검다리
열두달중 초라한달 모자라고 부족해도
민속명절 설날연휴 덕담으로 상경하애

                마음먼저 실려오는 기다림의 내뜰에는
                걸음종종 다가오는 매화목련 향기가득
                사락사락 작국소리 작은가슴 열었더니
                하얀하늘 함박눈이 푸른솔잎 덮어주네

                              2024. 2. 1.

인간극장 목사님의 이중생활

공영방송 인간극장 목사님의 이중생활
위봉산성 마을초입 백이십년 위봉교회
묻혀지고 잊혀져서 폐허가된 산골교회
포항에서 개척하여 후배목사 넘겨주고

남양주서 다시시작 안주하나 하였더니
하나님의 소명으로 산골농부 되셨구려
빈털터리 부임하여 맨손으로 리모델링
예배당도 선교관도 초현대식 환골탈태

신학석사 음악박사 누릴수도 있겠건만
예수님을 닮았으니 농부들과 함께하며
앎과삶이 하나되어 말과행동 일치하니
신불신간 폭풍감동 주님영광 받으시네

작금으로 들려오던 불미스런 일부교회
부끄럽고 죄송하여 고개들지 못했는데
양호씨와 홍삼인씨 산제사로 전인목회
카이로스 타이밍에 온세상에 소문났네

십자가의 고통없이 부활영광 없다잖소
개척교회 섬기면서 피눈물로 걸어온길
길고도긴 고난의길 우리주님 걸으신길

아프다고 꿇지말고 힘들다고 놓지마오

효자아들 요셉PD 열아들이 부럽잖고
쌍둥이딸 하영예은 천사선녀 뺨치잖소
청소년과 친구하고 농부들을 섬길때에
하나님은 자녀들을 친히양육 하셨네요

기타치고 예배하며 농기구로 밭일구고
붕어빵을 나눠줄때 주님사랑 함께주며
길거리서 찬양할때 힘든길손 새힘얻소
사역하다 한번쯤은 자기몸도 아껴주소

국내유일 자연용출 응봉산의 덕구온천
인제한빈 오시어서 일탈한번 해보시죠
제자의길 가는우리 궁극적은 복음전파
주님다시 오시는날 금면류관 영생영광

이번 주간 전북 완주 위봉교회 다녀와서

24. 2. 3.

갑진년 설날

청솔가지 쉬던노을 묵은해를 실어가고
우리민족 고유명절 설날아침 모셔왔네
동녘하늘 설빔인가 색동으로 치장하고
대청마루 한광주리 새해복을 채워주네

빈감나무 가지위에 손님맞이 까치소리
작은시내 돌틈사이 새봄맞이 졸졸졸졸
스란치마 아침안개 잔설위에 내려앉고
푸른하늘 저구름은 고향으로 향해가네

많이변한 세시풍속 예같지는 않지마는
마음만은 세월가도 한결같이 동심이라
정성다한 선물들이 풍성하진 못하나마
주고받는 새해인사 덕담으로 소망가득

사랑하고 존경하는 오랜지기 벗님이여
공사다망 대소사로 그리던이 만났으니
온가족과 친지들과 풍요롭고 살가운정
듬뿍듬뿍 나누시며 행복하게 보내세요

청룡의해 갑진년엔 하나님의 은총으로
계획하고 기도하며 원하시던 모든일이
순조롭게 성취되고 형통으로 번창하여

많은이와 나누시는 값진해가 되옵소서

24. 2. 10.

설날에 설날 그리며

~~~

까치까치 설날은 어저께고요 우리우리 설날은 오늘이래요....

색동적삼 붉은치마 동네골목 생기가득
차례상을 물려놓고 어른들께 세배하면
새해소망 가득담긴 덕담으로 축복하네
떡국먹어 행복한날 팽이치기 제기차기
가시내들 따로모여 널뛰기에 호호깔깔
우리민족 최대명절 세시풍속 아름다워
온고을이 화목하고 하나되는 일체감에
이기적인 평소습관 흰옷자락 비켜내려
공동체속 일체감에 성스럽고 아름다운
고유명절 설날인데 고요하고 적막하여
눈을들고 둘러보니 신종염병 코로나로
화상으로 세배하는 신풍속이 데면데면
보고파도 볼수없어 가슴시린 섧은설날
따사로운 춘삼월엔 평상일상 돌려받고
자유롭게 오고가며 못다한정 나눠보세

鈊鉅
설날 아침 한적한 산골에서

21. 2. 12.

설날

검은눈썹 희어질라 뜬눈으로 지새우고
설레이는 가슴열고 설날아침 맞이하니
청솔바람 타고오는 내고향의 소식인가
청댓잎에 머문바람 고향뜨락 그려주네
뻥튀기에 조청으로 쌀옥수수 갖은강정
인절미에 콩고물과 전부치는 기름냄새
올망졸망 계집애들 댕기머리 색동옷에
앙징맞은 복주머니 세뱃돈이 솔솔하고
어르신들 덕담소리 건강해라 복받아라
돌담장옆 처마끝에 처자들의 널뛰기와
넓은마낭 윷놀이에 시끌벅적 웃음소리
서리내린 청보리밭 자치기에 연날리기
눈에선한 풍경들이 연기처럼 아른아른
세월속에 씻겨갔나 바람결에 묻혀갔나
엄마같은 여인네가 나를칭해 운을뗀다
아버님예 힘드신데 여기와서 앉으세여
속사람은 청춘인데 겉사람이 낯설구나
아이때는 더딘시간 돌아보니 화살같네
푸른창공 흰구름은 예나지나 한결인데
어떤이는 고운설이 누군가는 설운설이
오미크론 징벌하려 흑호타고 다시왔네
우리모두 힘을모아 일상회복 웃음찾고
이땅에서 여행같이 인생길을 소풍같이

서로서로 사랑하며 행복하게 누리다가
영원본향 소망하며 나눠주며 누려가세

참 좋은 우리 명절
설날아침 새배합니다.
복 많이 받으시고 건강하세요.
모든 일 형통하시고
근심걱정 우환질고는 얼씬도 말고 물러갈지어다.

얇은 얼음장 밑 시냇물소리가 맑고
솔 바람결 향기 좋은
응봉산 초입 작은 골방에서

22. 2. 1.

정의를 기대하며

얼음새꽃 물방울이 수정같은 시냇가에
눈썹같은 초승달이 찬솔사이 내려오고
엄동설한 매운바람 사흘밤낮 휘몰아쳐
썩은채로 붙어있던 나무깽이 나딩굴고

예전같지 않지만은 설레임과 아쉬움의
설날연휴 갓보내고 시샘의달 이월이네
바람꼬리 감추기전 서둘러서 온걸보니
안다로미 초아너울 하늘까지 갔나보다

겨울과봄 이어주는 기특힌달 이월에는
벌거벗은 나무들이 물을길어 올리면서
푸른잎새 꿈망울을 꽃피우며 옷을입고
따사로운 햇살들여 시린발등 덮어주네

마늘밭은 이불걷고 기지개로 허리펴며
머리위의 햇살당겨 뽀얀발로 아장아장
매화목련 꽃망울은 터질듯이 부풀어서
우아하고 품격있게 화무가곡 펼칠텐데

하늘하늘 물비닐이 휑한가슴 덥혀주어
마음결을 가다듬고 소망하며 기도한것
바람조차 아늑하여 가온길에 가라사니

모든것이 순탄하리 기대하며 믿어본다

25. 2. 1.

한 장 남은 달력 앞에

다사다난 흔적들이 심부깊이 선명한해
송곳만큼 시린새벽 어둔하늘 벗겨내고
샛별보다 푸른달빛 여명으로 스며들때
십이월의 보랏빛이 아픈영혼 닦아주네

한장남은 달력위로 뜯겨나간 흔적들이
이월팔월 아문상처 꽃잎마냥 새겨있네
비록육신 쇠해져서 풀잎처럼 야위어도
맑은영혼 향기롭고 고운마음 감미로워

인언맺은 벗들속에 미소로만 머무르자
힘들다고 슬프다고 한탄하지 않으면서
지금까지 내곁에서 한결같은 나의반쪽
초점흐린 눈동자를 마주보니 목이메어

여린영혼 상한마음 싸매주신 주님사랑
다시한번 더듬자니 무슨섭리 있으신가
대림절을 지나면서 하나하나 촛불켤때
후회원망 불사르고 사랑감사 피워내어

사막에도 꽃피우고 가시찔려 향기내신
우리주님 깊은뜻을 밝히알아 전하려네
부족하여 부유하고 아픔으로 건강한삶

이전에는 몰랐었네 살아있단 증거란걸

23. 12. 1.

대강절

붉은단풍 타고나서 재로남은 하얀겨울
엉기성기 나목가지 서리꽃이 피어있네
하나하나 벗어주고 한장남은 얇은달력
찢겨나간 흔적마다 아쉰자국 남아있네
남색자주 융단깔아 들꽃들풀 치장하고
기다림과 소망안고 촛불하나 밝혀보니
백구과득 순간순간 크신님의 은혜였네
둘째촛불 받쳐들고 고개들어 올려보니
당연한듯 누려왔던 건강하고 행복한삶
감사하지 못하면서 입술에는 불평불만
내모습이 부끄러워 회개히며 지복하니
사랑의주 님의품이 포근하게 안아주네
진보라가 연보라로 분홍색초 희어지면
응봉산정 구름처럼 실수허물 덮어주고
구수곡의 안개같이 모난곳은 가려주며
사랑으로 나누면서 기쁨으로 하나될때
묵은때는 씻어지고 정결한맘 모두어져
신랑맞는 신부처럼 신부맞는 신랑마냥
경외로운 설렘으로 단장하고 기다리네

금년의 마지막 12월의 첫날을 맞으며 인사를 드립니다.

대림절기를 보내면서 부족했던 것 용서하시고
남은 시간 마무리 잘 하셔서 유종의 미를 거두소서
평안하여 행복하시기를 기도합니다.

흐린 풍경조차도 아름다운 응봉산 자락 작은 강단 아래서

22. 12. 1.

일흔 세모

구슬땀을 훔쳐내며 열정으로 치달아온
겁이없던 청춘지절 잿불마냥 잦아들고
야금야금 짧아지는 하늘조각 만큼이나
좁아지는 보폭으로 종종걸음 서투르다

빛깔바랜 잎새들을 떨구어낸 나무들이
휘몰아온 눈보라에 혼신으로 떨고섰다
한해동안 쌓여있던 미련들을 쓸어가듯
북풍한설 산골바람 무서웁게 몰려온다

이혹독한 한겨울을 살아나기 위하여서
하나남은 잎새마저 떨쳐내는 나무들이
허공향해 두팔벌려 항거하는 의연함을
매정하다 무섭다고 비난할수 있을손가

생명품고 찬서리밑 깊은곳에 뿌리박고
가장추운 심야에도 절망하지 아니하고
뵈지않는 침묵으로 인내하고 기다리며
바람서리 눈보라로 나이테를 새겨간다

가끔씩은 나혼자서 성근생각 정리하고
대상없는 아픔조차 나혼자서 용서하고
돌틈사이 얼음마냥 얼었다가 녹았다가

회자정리 거자필반 한겨울이 깊어간다

24. 12. 1.

성탄 아침

상하여서 곪은영혼 촛불밝혀 올리면서
그영혼을 위하여서 마음씻고 손모으고
지친육신 젖은마음 송이꽃에 담아놓고
정결한맘 간절하게 내기도를 올립니다

적막하고 차가운밤 하늘의별 수놓을때
베들레헴 마굿간에 초라하게 오신예수
청아하고 아름다운 목동들의 찬송소리
보배함을 열어놓고 경배하는 동방박사

왕궁에서 왕세자로 재벌가에 후손으로
명예권세 다가지고 오셨어도 될터인데
행여내가 멀리할까 말구유를 요람으로
가장낮고 천한데서 나를맞아 주시었네

이방인인 동방박사 별을보고 찾고찾아
각자예물 갖춰들고 지성으로 경배하네
임금으로 오신예수 황금담아 드리오니
절망에서 희망으로 소생시켜 주시구요

대제사장 되시오니 유향채워 드립니다
내기도를 중보하사 참된자유 주시구요
속박에서 벗어나고 질병에서 치유되어

건강하고 평안하여 사역하게 하옵소서

선지자로 오시어서 십자가를 몸소지고
내죄대속 하시려고 희생제물 되시어서
값으로는 살수없는 보배피를 쏟은은혜
감사감격 망극지은 몰약발라 드립니다

한치앞도 볼수없고 내일일도 알수없는
혼란스런 이땅에서 나그네길 가는동안
구주예수 그리스도 항상동행 하시오니
하늘에는 영광이요 땅에서는 평화로다

메리 크리스마스! 성탄절 아침
기쁨을 함께 니누려고
주께 영광을 올려드리며 작은 예배당에서

23. 12. 25.

혼돈의 성탄절

대다수의 민초들이 자기자리 지키면서
믿음소망 사랑으로 애국애족 꽃피울때
고관대작 나으리들 광기어린 행태인해
낙심으로 무릎꺾여 영혼마저 무너질즘

간절하게 구세주를 기다리던 세상으로
금년에도 어김없이 마굿간에 오신아기
반짝이는 카드에도 한아름의 선물에도
사랑으로 오신예수 만나뵐수 없습니다

헛된욕망 눈이멀어 시기질투 난무하고
무법탈법 일삼으며 안하무인 적반하장
명예권세 가진자들 포악함을 용서하고
민초들의 가슴속에 소망으로 머무소서

온갖재해 전쟁으로 굶주리고 헐벗어서
천하보다 귀한생명 꺼져가고 있는이때
빈곤으로 질병으로 고통받는 약한이들
순결하고 온유하신 사랑으로 안으소서

동방한켠 작은나라 찢어지게 가난하여
초근목피 보릿고개 허기연명 넘고건너
헤아릴수 없는은혜 거저받아 누리면서

어느나라 가더라도 인정받게 되었는데

감사함도 고마움도 사랑할줄 모름으로
흔들리는 믿음인해 소망마저 꺼져갈때
작은자들 약한자들 울부짖음 들으셔서
온인류의 구세주로 성육신한 아기예수

고난당한 이웃들을 위로하여 주시구요
상처입은 영혼들을 치유하여 주옵소서
눌린자와 갇힌자들 결박풀어 주시옵고
이시대의 지성위에 참진리로 임하소서

24. 12. 25.

아기 예수 나신 날

칠흑같은 어둠뚫고 참빛으로 오신아기
하얀눈이 고운새벽 바람타고 오시었나
전깃줄이 현악기로 시린영혼 보다듬고
양철지붕 타악기로 상한심령 싸매시며
헐벗은이 입히시려 옷이되어 오셨구요
굶주린자 먹이시려 양식으로 오셨네요
외로운이 친구되고 아픈자를 고치시며
죄로인해 죽을나의 대속주로 오시었네
하늘이신 당신께서 황금보좌 버리시고
행여내가 낯가릴까 부담되어 피할까봐
눈높이를 맞추시려 마굿간에 오셨네요
꽃잎방석 짜맞추고 설레이며 촛불밝혀
온누리가 고대하던 성육신한 그리스도
임마누엘 고마워요 평강의왕 할렐루야

혼탁하고 사악한 세상에
빛으로 질서로 성육신하신 주님을 맞는 기쁨을 함께 나누어요.
겨울 골바람이 매서운 응봉산 골짜기
따뜻하고 포근한 강단아래서 성탄을 환영하는 촛불을 켜며

22. 12. 25.

새해 원단

종탑건너 앉은노을 고운자태 드리울제
청솔가지 바람노래 가는해를 배웅하고
처마끝에 풍경소리 아쉬움에 잦아들적
어깨딛고 가는세월 돌아보니 은혜였네
황망중에 내민손길 외면않고 잡아주며
아린마음 품으시고 다정하게 안으셔서
하늘소망 가득담아 사랑으로 나누신것
받기만해 빚진것들 고맙고도 부끄러워
마음비에 새겨놓고 오는세대 전하리라
새로오는 토끼년엔 묵은재를 툴툴털어
채전밭에 거름삼아 곱게일궈 씨뿌리고
풍성하게 담아내어 색동적삼 다홍치마
일년내내 잔칫날을 이웃들과 나누면서
사랑하고 축복하며 천날만날 행복한날
작은일에 감사하고 미소에도 감동하며
내가먼저 배려하고 겸손하게 손내밀어
내님께서 사신삶을 새긴듯이 닮아가며
넘어져서 피곤한객 허리숙여 세워놓고
말만아닌 행동으로 내마음과 어깨동무
새로운해 맞았으니 뚜벅뚜벅 걸어가며
마주치는 인연마다 사람냄새 향기롭자

다사다난이란 고사성어가 무색했던 해를 보내며 새해 맞이 합니다.
한 해 동안 너무 고맙고 감사합니다.
힘이 되었고 한없는 의지가 되었습니다.
이해에도 기대며 함께 아름다운 동행 이어갈 수 있음을 감사합니다.
찬 바람도 포근한 응봉산 아래 작은 예배당에서

23. 1. 1.

오늘 지금 여기 행복

자유시

3월에 감사

하얀 꼬깔모자 쓴
응봉산 꼭대기에
32일과 같은 2월을 배웅하고
듣기만 해도 가슴 설레는
3월을 맞으려
각양각색 구름들이 떼지어 몰려 있다.
저 구름 너머에
붉게 물든 석양이
애처롭고 처연하며 처량하다.
이제껏 겪어보지 못한 세상에 걸터앉아
괴물 같은 괴질이 괴변을 부리는 시점에
그래도 사명자의 책임을 다하고자 묵상하며
기~인 2월을 촌각으로 밀어내며
밝은 내일을 온몸으로 맞으리.

사순절로 꽉 찬 시간들을
나신으로 엎드려 체휼하리.
아픔, 고난, 수치, 용서, 사랑

고맙고 감사합니다.
사랑하고 축복합니다.
기도해 주셔서 계획했던 것보다
훨씬 아름다운 힐빙의 공간이 마련되었습니다.

하늘의 신령한 복과 땅의 기름진 복이
곡간에 차고 넘치시기를 축복합니다.

홍매화가 흐드러진 장제산 자락에서

20. 3. 1.

봄 희망

영롱한 물
방울방울 떨어지는 소리
메마른 목 축이며 풍기는
그윽한 솔향기
오랜 가뭄으로 목마른 대지를
촉촉히 적시는 단비를 영접하는
겨울나무 가지 가지
물 오르는 소리

희망의 달 3월의 첫 아침을 모시고
걸음도 상쾌하게 우리 곁에 왔습니다.
수많은 생명들이
바삐 봄 손님을 영접하는 모습에
덩달아 서두릅니다.

잠시 움츠렸던 몸도 마음도
활기찬 기지개 한 아름으로
생각 많은 3월을
한 꿰미로 엮어
드나드는 문지방에 걸어 두어요.

봄 소녀 귀밑 같은 산촌에서

21. 3. 1.

사월 초하루

춘삼월은
언 땅 녹이며
여린 들꽃 피어서 아름답고
사월은
소박하게 피었던 꽃잎
하나씩 지기에 아름답다.

화려한 축제가 없어도
꽃은 설워 않는다.
떨어진 꽃 자리에 생명이 있고
시간은 돌아오지 않기에 귀한 걸
아픔과 죽음이 있는 사월
더 큰 생명이 있는 사월을 맞는 이 새벽이 참 좋다.

코비드19가 준 깨달음
사람과 사람 사이에 핀
가장 아름다운 꽃은 사랑이란 걸

새로이 시작하는 사월에는
고난의 채찍과 수치와 아픔,
사망권세까지 깨뜨리신
부활의 주님 영광을
한아름 안고

참 기쁨이 넘치시길 축복합니다.

20. 4. 1.

사월이 희망이다

사순절이 깊어가는 가운데
산불로 얼룩진 상처를 씻어주고
새로운 생명을 깨우는 단비로
사월의 문이 열렸다.
흉칙한 화마의 충격도
상실의 아픔도,
심연 깊이 앉은 상처의 앙금까지도 씻겨가고
새살이 돋는다.
포근한 사랑을 실어오는 봄비와도 같이
노오란 꽃 향기를 안고 오는 봄바람처럼
주님의 사랑을 그대로 행하신
방방곡곡 이웃님들이 보내주신 사랑으로
재난 이전보다 오히려 삶의 참맛을 본다.

이토록 큰 사랑을 입으셨기에
비록 잃어버린 것은 많으나
한결 맑고 밝은 희망의 계절이 될 것이다.
다시 한번 허리 굽혀
사랑과 정성을 모아 주신 은혜에
피해 가정과 교우들을 대표하여 인사를 드립니다.
주님 사랑 안에서
평안하고 든든하게 서서

모든 이들의 희망과 소망이 되시기를 기도합니다.

22. 4. 1.

오월에 감사

좋은 아침 눈길 부셔오는 햇빛
폐부 깊이 스며오는 솔숲 속 생기
끝모를 경계와
거리마저 허물어 버리는
위대한 계절 오월.
오월은 청춘이고 사랑입니다.
어제 본 활기찬 삶의 모습들에 아직도 심장이 뜁니다.
오늘도 감사하면서
맑고 밝은 마음처럼
즐겁고 행복한 시간으로
오월을 채워가요.
어제를 아쉬워하거나
내일을 염려하기보다는
귀하게 다가온
오늘을 사랑하고 기뻐하시기를 축복합니다.
오늘 내가 존재함 감사~!!
오늘 내가 건강함에 감사~!!
오늘 내가 일할 수 있음에 감사~!!
오늘 내가 누군가를 만남에 감사~!!
오늘 내가 사랑하는 사람이 있어 감사~!!
감사가 넘치다 보면
미래는 저절로 행복해집니다 !!!
생애 최고의 행복한 날이

인생 최대의 오월이 되시기를 응원하며 기도합니다.

오월의 꽃향기 속에 설렘으로 응봉산 초입 작은 골방에서

20. 5. 1.

붉은 유월

싱그럽고 상큼한 6월의 첫날
행복한 출발 감사합니다.
정말 시간이 빨리 가는 것 같아요.
봄이 시작되었나 했더니
벌써 초여름의 문턱
호국보훈의 달 6월입니다.
지은 죄 없어도
용서를 빌어야만 할 것 같은 6월.
역사의 함성과 총포의 불꽃에 산화한
선혈 같은 붉은 장미가
뜨거운 6월 첫날
숙연함으로 예를 표합니다.
행복을 자기 몸에 뿌려서
남에게 희망의 향기를 선사하는 계절 되세요.
붉은 장미와 푸른 초록의 조화를 시샘하는
연분홍 노랑 아름다운 계절 6월
처연하게
숲은 조심조심
양떼처럼 몸집을 늘려가면서
더욱 푸르러 갑니다!!
풍경이 안겨주는 사연에 위로받고
6월에는 영혼의 휴식도 누리면서
꽉 찬 초록 숲처럼

행복으로 가득 채워 가는
생애 최고의 달이 되세요.

20. 6. 1.

호국 영령 추모

신록을 아우르는 물안개가
붉은 장미에 입 맞추며
유월의 새 아침을 모셔 왔습니다.
호국 영령들이 세우고
지켜온 아름다운 나라
내 조국 대한민국
환란과 고난 중에 더욱 빛납니다.
고맙습니다. 감사합니다.
별이 되어 영롱한 님들이시여!
세대를 이어가는 후손들이
영원히 기억하고 추모합니다.
숭고한 희생의 장미꽃보다 붉은 선혈을…….

21. 6. 1.

칠월에 소망하며

앵두, 보리수 붉은 열매로
6월을 건너
한 해의 허리가 접히는 7월의 첫날이네요.
아픈 상처 씻어 주고
타는 목마름 해갈해 준 단비 끝에 맞는 이 아침!
축복합니다.
기쁨과 행복이 가득한 7월 되세요.
이스라지 열매 따려 언덕에서 흘린 땀
노오란 살구나무 그늘에서 식히던
고향집 툇마루가 그리워지는 7월은
옥수수는 긴 수염 드리우며 알통을 키우고
청포도 알이 익어가는
건너 밭고랑을 타고 오는 뻐꾸기 노래는
말매미 울음소리 들을 채비하라 채근하네요.

나무는
나무끼리
바람은 바람끼리
비마저 비끼리 모여 사는데
언제부터 사람은 거리를 둬야 한답니다.
마주보고 있어도 고운 입술 볼 수 없어요.
정말 하루하루가 더없이 소중해지는 시간이네요.
서로에게 힐링이 되는 기분 좋은 일들로 가득했으면 좋겠습니다.

자유시

새로운 달을 시작하며
감사한 마음으로
활기찬 한 달 알차고 보람 있고
행복한 날들로 채워가시길 바랍니다.

20. 7. 1.

감사합니다

잎새마다 영롱한 이슬방울이 푸르름을 더해가며
감사의 열매를 송글송글 달아가는 칠월
잠시 멈춰 반년을 돌아보니 온통 감사합니다.

그러니까 감사합니다.
거친 마음밭 기경하여 믿음의 씨를 뿌리고
사랑의 열매를 가꿔가는 소망 있음에

그럼에도 감사합니다.
놓쳐버린 것들이 아쉬워
미련에 짐길 때도 있지만
아직 더 좋은 것은 오지 않았다는 것을
믿음으로 기다리며

그럴수록 감사합니다.
아직도 코로나가 물러가지 않았는데
변이 바이러스가 자꾸 생겨나고
살림살이 팍팍한데
육신이 힘들고 마음이 가라앉아
왜 나만, 왜 내게 이런 일이, 할지라도

그것까지 감사합니다.
이전에는 별 의미를 몰랐는데

원추리 긴 꽃대에
채송화가 땅에 붙어서 피우는
노오란 꽃도
내 마음에 평안을 주는 것을

그 이름에 감사합니다.

세상에 홀로 서 있는 너무나 약한 나를 사랑하시고
너무나 악하고 무익한 우리를
죄에서 구원하시려고
이 땅에 오신 예수 그 이름
그 이름을 찬양합니다.
그 이름 속의 비밀을 알게 하셔서
그 이름으로 세상을 이기게 하시니
너무나 감사합니다.

날마다 새롭게 하시고
날마다 아름답게 다듬어 주시는 예수
그 사랑이 풍성한 계절이 되시기를 축복합니다.

안개비가 만든 영롱한 이슬방울이
뻐꾸기 소리에 빛나는 아침
산소 탱크 같은 산골에서

칠월의 노래

시작이 반이라는 말이 딱 맞는다.
시작이 엊그제 같은데
어느새 칠월 한 해의 반이 훌쩍 지나간다.
그러나 덧없는 세월이라 허무해하지 말자
성하의 들판은 푸르름이 지천이고
비록 작으나
들풀 하나하나에도 각자의 소중한 이름이 있다.
꽃을 피우고 열매를 맺고 키워가는 시간들에는
작열하는 태양과 폭풍우가 있다.
타지 말아야 한다, 꺾이지 않아야 한다.
바삐 가느라 소중한 작은 것들을 놓아버려서야 되겠는가
칠월에는 청춘의 아름다움을 더 느끼자
짙푸르러 아름다운 세상 아닌가
남들이 웃을 때 웃고
남들이 고마울 때 고마운 마음이 듦을 감사하며
내 상심이 남들을 불편하게 하지는 말자.
더 타는 목마름
더 뜨거운 태양이
더 달콤한 과일을 만들듯
인생의 진미도 다를 바 없으니
칠월에는
더 크게 더 많이 안아보자

세밀한 곳까지

22. 7. 1.

돌아보니 금년에는 더 고마웠습니다.
그래서 또 더 고마울 것 같습니다.
감사합니다.
내내 잊지 않고 간직하다
때가 되면 나누기도 하고
곱하기도 하겠습니다.

강건하시고 행복한 나날 되시기를 기도합니다.
작열하는 태양 아래
아픈 상처 덮어가는 풀 냄새가 향그럽고
게으른 매미 소리 한가한 아름다운 계곡 초입에서

십이령길 팔월은 백일홍

말끔히 닦은 하늘, 산, 들에
실안개 두르며 찾아온 고운 아침 고맙습니다.
백합꽃 향기로운 배웅으로
십이령 보부상 길 붉게 밝힌 백일홍이
새로운 달 8월을 선물하네요.
과거에 매달리지 맙시다.
미래를 두려워하지도 말아요.
과거는 이미 사라졌고
미래는 아직 오지 않았으니
모두가 내 것이 아니에요.
선물처럼 찾아온 오늘을 마음껏 누리세요.
보이지 않고, 잡히지 않으나
너무 소중한 것들에 감사하며
한 번뿐인 삶에 조연이 아닌,
관객이 아닌 주인공으로
채곡채곡 행복을 쌓고 누리시길
온 맘으로 축복합니다.

20. 8. 1.

팔월에는

팔월에는
여름 한낮
땡볕 더위 식혀주는
소나기가 되었으면 좋겠습니다.
속살까지 드러내는 시원한 소나기!

또한
팔월에는
보리타작 마당의
수박 냉채가 되었으면 좋겠습니다.
무슨 얘기를 해도
서먹하지 않고
시원하여 그리운 사람.

팔월 한 달은 더욱 그랬으면 참 좋겠습니다.

행복한 구월 아침

향긋한 커피 한 잔을 들고
볕이 잘 드는 창가에 앉아
이른 아침의 고요를
심호흡으로 먼저 음미해 본다.

단 하루가 지났을 뿐인데
하룻밤 사이
성큼 가을 데리고 온
9월이 참 신비롭다.

산에는 새소리 요린하고
이슬 방울 하이얀
작은 화단의 여치소리 정겹다.

하늘에는 빗살 구름
들에는 가을의 서늘함 온몸으로 맞으며
향기로운 차 한잔 고운 미소로 머금고
슬그머니 행복한 마음에
기분은 그저 황홀하다.

구월의 산골에 싱그러움 넘치고
입술에 맛있는 음악이 머물고
달콤한 선율에 오늘도 행복하다.
구월은 더 행복하다.

자유시

오늘

감미로운 빗소리를 들으며
생각 한 줄기를 잡습니다.
어제가 있고
오늘이 있으며
내일이 있다는 것이
참 좋다는 생각입니다.
어제는 지나간 추억이어서 좋고
내일은 기다리는 설레임이 있어 좋고
오늘은 무엇이든지 할 수 있어 좋습니다.
어제를 아쉬워하거나 내일을 염려하기보다
나는 내게 주어진 오늘을 사랑하고 기뻐합니다.
8월은
아름다운 꽃마저 떨구고 열매를 맺느라
폭염 속에서도 장마 위에서도
위대하신 하나님의 손길을 보게 했습니다.
오늘 선물 받은 9월이
가슴을 벅차게
심장을 뜨겁게 합니다.
아름다운 이곳에는
벌써 햇밤이 나왔네요.
늘 함께 마음 나누어 주셔서 행복합니다. 감사합니다.
평강 중에 건승하시기를 기도하며
9월의 풍성함을 함께 누립시다.

빗방울 연주에 춤추는 가녀린 풀잎이
커피향에 풍미를 더해주는 아침 창가에서

21. 9. 1.

어느 추석 저녁

낯익은 정자가
낯선 난간에 걸터앉아
어릴적
그때 추석 그리워
무심히 쳐다보는 산등성이로
어스름녘 오신 달님 청솔가지에 쉬었다
내일을 재촉하며 휘영청 밝다.
골목 저켠 멍멍이도 달마중에 설레고
풀숲 이슬초롱 밝히고 귀뚜라미 화답하는데
구월을 보내는 신작로는 예년 같지 않네.
달원이네 마당에도
솔이네 처마 밑에도
차도 신발도 없이
수줍은 달빛만 처연하다.
돌림병으로 인한
이상한 한가위를 맞으며 기도한다.
이제는 서로의 모난 마음 둥글게 다듬어
한가위와
오는 시월에는
그저 화목하고 행복하면 좋겠다
두 손 모으니 내 마음 깊은 곳에 밝은 둥근 달이 뜬다.

20. 9. 30.

비채거나

어느덧 시월의 첫날이 밝았습니다.
주변에는 거두고 갈무리하는 분주한 손길들이
한가롭고 여유롭네요.

한결같이 노을이 아름다운 오후 5시 50분,
오곡백과가 풍성하고
오색 찬란한 단풍이 아름다운 계절
시월과 같아 잘 익은 인생들뿐입니다.

나무나 모든 식물이
정성들여 예쁘게 피운 꽃을 버려야 얼매를 냈늣
꽃보다 아름다운 젊음을 버리고
마음의 탐심도 버린
인생의 고운 열매가
잘 익은 과일보다 가일층 아름다워요.
시월의 문지방에 한 발을 올리며 돌아보니
찌는 듯한 무더위도 질척이던 장맛비도
선물이었네요.

인생도 계절과 같은지라
버리고 가야 할 것들을 지고 가기에
삶이 너무 힘겨운 줄 알면서도
아닌 척 모르는 척 짊어지고 걸어갑니다.

자유시

버리면 가벼운 것을.
우리 삶도
욕심을 버리고 마음을 비우면
평안이 선물로 주어지는데
쉬우면서도 어려운 것이
버리고 비우는 일인 것 같습니다.
그러나 말씀하십니다.
사람으로서는 할 수 없으되
하나님은 하실 수 있느니라.
하나님은 다 하실 수 있습니다.
서로 서로 아름다운 마음으로 나누는 사랑은
참으로 행복한 오늘로 인도해 줄 것입니다.

이 아름답고 풍요로운 계절 시월에는
거둠과 나눔을 통하여
기쁨으로 가득 채우시기를 두 손 모아 기도합니다.
아침 저녁 스치는 기온이 제법 쌀쌀해졌네요.
강건하시고 평안함으로 행복하소서.

21. 10. 1.

아름다움

형형색색 고운 빛깔들이
참 아름답다는 마음 저변을
어딘가에 숨어 있다 나타난
차가운 바람이 스친다.
청춘의 푸른 잎도
지고 나면 낙엽인 것을
애초에 피조물엔 정함도 시간도 없었는데
사람이 사람인 것은
그분의 형상이라
보이는 것들은 유한이나
보지 못하는 것들은 영원하니
11월과 같은 우리 삶의 계절에
마음 다해 아름답자 자태고운 단풍처럼
정성 다해 향기롭자 지고지순 국화처럼
겨울이 온다는 것은
다시 봄을 기다리는 설레임이 있으니
오늘도 선물 받았으니

가시밭길 살펴가며 돌밭길은 조심조심
어두우면 밝혀가며 약한이를 부축하고
아픈이웃 싸매주며 슬픈사람 위로하고
서로서로 어깨동무 소용있게 채웁시다

20. 11. 1.

더 아름다움

11월이 밝았습니다.
이제 떠오르는 해보다
노을이 더 아름답고
가슴 뛰게 하는 꽃보다
경외로움으로
숙연해지는 단풍에서
더 많은 이야기를 들을 수 있는 싯점입니다.
하나둘 옷을 벗는 나목에서
비움의 신비를 배우지요.
빈 방이 정갈하고
빈 하늘이 무한히 넓습니다.
빈 잔이라야 물을 담지요.
가슴을 비우니
욕심도 씻겨가고 안을 것들이 많네요.
절망과도 같은 암 선고가
만 삼 년을 지나며 돌아보니
하찮은 돌멩이를
귀한 보석으로 다듬으신 하나님의 섭리였네요.
디톡스, 피톡스, 간 청소, 장 청소,
치유와 건강의 기본이
그리고 필수가 비움입니다.
나목들과 빈들을 보며
황량하다 삭막하다 하지 말고

새롭게 채워질 것들을 소망하며
아름답게 11월도 채워갑시다.

21. 11. 1.

십일월 첫날 아침

상쾌한 아침 공기가 가져오는 해피 꿀모닝!
11월의 첫날
첫 발걸음
곧 하이얀 보석이 될 이슬이 참 좋은 아침 선물 고맙습니다.
또 새로운 달이 시작되었네요.
늘 기쁨과 행복이 가득한 달 되세요.

아름다운 가을이 곳간을 채곡채곡 채우며,
노란잎 하나, 빨간잎 하나 발등에 얹어주고
세월에 실려 떠나려 합니다.
잡을 수 없지만 추억이란 장에
마지막 부드러운 입맞춤으로 새겨
다시 만날 설레임으로 사랑하며 보내세요.
꽉 찬 이 가을이 가면
이제 순백의 드레스에
새하얀 면사포를 쓰고
멋진 계절이 반겨 올 테니까요.

19. 11. 1.

바람

조금은 여백을 두고
소망하며
늘 행복한 마음으로
욕심 없이
조금 부족한 듯 살았으면

오늘 하루도
아름다운 미소로
상대를 기분 좋게 하는
생애 최고의 행복한 시간이었으면
기쁨 주고 사랑받는 즐거운 날 되었으면

싱그러운 햇살 아래 천금과도 못 바꾸는 맑은 공기가
강물처럼 흘러 내리는 응봉산 자락의 작은 골방에서

첫 번째 대강절

구름 한 점 없는
청명한 하늘을 밝히는 해님을 품어 안은 산골
아가의 숨결 같은 살랑바람에
억센 솔잎도
부드럽게 향기 뿜는 싱그러운 아침에
이 세상에서 지쳐서 곤고한 자들에게
추위와 어두움에 갇힌 자들에게
빛으로 희망으로 오실 예수님을 기다리는
간절한 기다림과 소망의 손으로
대림절 첫 번째 촛불을 켭니다.

20. 11. 29.

갑진년이 밝았습니다

2024년 이해에는
근심 걱정 없고
몸도 마음도 건강하게
하나님의 은총 아래
행복 가득 사랑으로 꽉 채우는 한 해 되세요.
당신을 위해
제가 매일 기도하는 것 아시지요.
감미로운 새해 아침
안개 면사포로 얼굴 살짝 가리고
오늘은 수줍은 응봉산 자락
작은 책방에서

동이 터온다

동이 터온다.
분명 어제도 있었던 당연한 현상인데
오늘 이 아침이 더욱 새롭다.
아하!
새해구나.
이렇게 설레임은 내가 새로워짐이로다.
지난 시간들 돌아보니
모든 순간 순간들이 은혜였네.
아픈 기억들
좋은 추억들
쏟아놓고 헤아려보니
힘들고 어려웠던 그때에
받은 은혜 깨달음이
더 맑고 고웁고
내가 잘해서 좋은 결과를 얻었다고
우쭐했던 기억이 부끄러워 움츠리네
오늘 아침 이 마음 이 감격
한 해만이라도 한결같아라

원단 기원

검은 범이 내려왔으니
올해에는
역병, 바이러스 다 잡아먹고
평범한 일상 속에서
보고 싶은 얼굴 서로 마주하며
맞잡는 손길로
따뜻한 온기를 나누는 시간이
빨리 오기를 바라본다.

마음이 더 중하니
우리 적당히 비우고
적당히 내려놓기도 하자.
지금 꿈꾸는 것들 하나하나 이루어질 것이다.

기다림이 있어 설레이니 좋고
바라봄이 있어 희망이니 좋고
다가감이 있어 만남이니 좋고
미지에는 많은 상상을 할 수 있어서 좋다.

소풍같은 하루하루 마음껏 웃으면서
천국의 기쁨 늘 누리며
두 눈을 감는다.

산이 좋고 계곡이 아름다워
물과 공기가 무릉도원 같은 덕구에서

설날에

설움이 설이라서
아릿한 추억이 생각나는 까치 설날 아침
실바람에 날리며 산허리 두르는 얇은 안개도
설빔으로 차려 입은 소녀의 치맛자락 같은 설렘이
설인가 맑은 햇살을 반겨 안는다.

짧은 기간에 사랑하는 이들이
영원한 본향으로 돌아가심으로
우리 민족 고유 명절에
다시 의미를 더하여 귀소본능을 생각해 본다.

세월이 변하기는 했나 보다.
역 귀성으로 심산유곡에도
자녀들을 찾은 빈집들이 많아지고
댕댕이와 꼬꼬닭만 처마 밑에 졸고 있네

이월에

아리한 추억만 한 더미 싣고 왔던
설날이 지나고 2월이 왔습니다.
새해라며 설계했던 목표로
힘찬 1월은 알차게 잘 보내셨는지요.

2월에는 봄의 문턱이라고 알리는 입춘과 함께
달콤함이 떠오르는 발렌타인 데이가 있네요.

푸르른 기운과 채색으로
여린 연록의 새싹이 손짓하는
고운 봄꽃의 향연을 기다리면서
핸드드립 커피 한 잔 들고
창문 조금 열고 오감으로 음미하며
달콤한 음악으로 행복합니다.
모든 삶의 새날들이 꽃길로만 펼쳐지길 소망합니다.

아침 햇살 청량한 응봉산 자락에서

20. 2. 1.

어중간하고 억울한 이월

새해 소망으로 부푼 가슴 아직도 설레는데
벌써 이월을 맞았네요.
어중간한 달이지요.
봄 맞이를 서둘면서
이틀이나 사흘쯤은 양보할 줄 아는
철든 달이기도 합니다.

평안하여 강건하여 행복한 나날 되세요.
설렘으로 기다리며 늘 기도합니다.
뜻하여 세우신 일들도 형통하시길 바랍니다.

늘 새로운 기운을 주는 응봉산 자락 작은 예배당에서

새로운 달!
봄의 전령 2월
겨울을 더 겨울답게 하려고
오래 기다리던 함박눈이 내리는
참 고운 밤
응봉산도 하얀 이불 덮고
구수곡의 거북이도
좋은 꿈꾸는
평화롭고 아늑한 작은 산골마을
올해도 풍년이 들 거야

다사다난

십이월의 첫날 아침.
2월에 큰일이 있었고
8월에 또 큰일이 있었는데
모두 기도해 주셔서
지금은 누구보다 건강해 감사.

11월에는 세브란스병원에서 깨끗하다고
지방 가까운 병원에서
1년에 한 번씩 검사하면 된다는
기쁜 소식 받았어요.

대장암 완치 판정 받아 너무 기쁜데
아내의 건강이 좋지 않아
먹먹한 마음입니다.

유종의 미를 거두시고 건강하시고 행복하세요.
사랑하고 축복합니다.

깊은 골과 푸른하늘 맞닿은 공기 좋은
응봉산 초입 작은 책방에서

체험

12월 첫날!
대림절 첫 주일~!
지치고 곤고한 자들에게,
어두움에 있는 자들에게
기다림과 소망의 촛불을 켜며
빛이신 주님을 바라봅니다!

미련한 놈이 아픔을 파도처럼 타고서야
겨우 알게 되었네요.
조금씩 차이는 있지만 사람은 누구나
아플 때가 있다는 것을!

여러 아픔을 통해서야
비로소 깨달았네요.
아무리 아픔을 피하려 해도
나 스스로 무너지지 않는 한
내 무릎을 꺾을 수 없다는 것을.

넓고 큰 강물의 고요하고 장엄한 침묵은
수많은 바위의 부딪힘과
낭떠러지의 곤두박질로 울부짖으며
고통의 시간을 거쳐서야

비로소 평화를 누린다는 것을!

19. 12. 1.

마지막 달

한 장 남은 달력이
마지막 잎새 같다.
나무에 잎은 없어도
바람은 가지를 가지고도 노래하고
청대숲 가 쌓인 낙엽으로 춤을 추며
새벽을 밝힌다.

산등성이 해안선으로
샛별을 동무한
조각배의 고운 자태 감추울 즘
엉기성기 모난 돌무더기가 있어서
시냇물이 노래하듯
불필요한 것 하나도 없는
나의 무대가 참 좋다.

한 장 남은 달력이 아쉽지 않게
가는 세월 잡지 말고 오늘과 함께 살며
꿈꾸고 사랑하자 없어도 존재하는 것을 닦으며

21. 12. 1.

맹장염이

목동이 한밤중 추위와 고독
아픔의 고통 속에서 신음하는 이들에게
회복의 기쁨을 들고 찾아가는 마음으로
대림절 세 번째 촛불을 켭니다.

지난 주 토요일 밤 자가운전으로
두 시간여를 응급실로 향하며
주님의 마음을
다시금 깨닫게 해 주심을 감사했습니다.
모든 것의 때를 생각하며
몸과 마음이 건강하고 행복하기를 기도합니다.

맹장염으로 자가 운전으로
울진 덕구에서 포항 성모병원으로 가다 결국……

20. 12. 13.

두 번째 대림절

마른 풀잎 장식한
순백의 서릿발 고웁고
골바람 내음 싱그러운
대림절 두 번째 주일 새벽 미명에

영육의 고통으로 신음하는 이들을 위해
이 땅 위에 빛으로 오신 예수님을 그리며
회개와 평화의 촛불을 밝힙니다.

실수도 후회도 부끄러움까지 내려 놓고 새겨봅니다.
'전화위복'
아픔도 슬픔도
나누지 못하는 안타까움마저도
되새겨 음미하니 인생의 참맛이라 새겨둡니다.
'고진감래'

주님 오심의 참뜻을 깊이 묵상하며
부족함과 허물은 덮어주시고
한 주간도 강건하시고
마음껏 행복 누리시기를 기도합니다.

짙은 솔향기가 매혹적인 응봉산 자락 작은 골방에서

19. 12. 8.

인생도 익어가고

영롱한 이슬 맺힌 처마 끝에
곶감이 익어가고
대청마루 서까래에
메주가 익어가고
장독대 옹가지에 동치미가
살얼음 사이로 익어가는
대림절 세 번째 주일 아침,

사랑과 나눔의 기쁨으로 세 번째 촛불을 켭니다.

이제 한 이레가 더 지나면
어둠은 옅어지고 빛이 더 많아지겠지요.
기도로 성찰하며 심연의 울림으로 고백합니다.
이 한 해도 끝까지 참아 주셔서 …..
감사합니다.
미안합니다.
고맙습니다.
사랑합니다.
축복합니다.
행복합니다.

바람의 노래가 싱그러운 응봉산 자락 작은 골방에서

19. 12. 15.

오직 말씀

상쾌함!
싱그러운 꿀모닝!
대림절 네 번째 주일,

우리의 죄를 깨끗하게 하시고
우리를 만나기 위하여
성육신으로 오신 예수님을 사모합니다.

우리 죄로 인하여
하나님과 막혀 있는 담을 허시고
화평케 하기 위하여 오신 인자 예수님을
대망하며 만남과 화해의
네 번째 촛불을 밝힙니다.

한 귀퉁이에 달랑
한 이레 즈음 걸려 있는
기해년 숫자를 짚어가며
사랑하는 모든 분들을 향해 고개 숙입니다.

눈을 감아야 더 맑아지는 눈으로
넘기는 갈피마다
살아 있음에 감격하며
산과 골을 한 가슴 안고 안기웁니다.

활짝 펼쳐 놓았으나 감추어두신
성서를 묵상하며 님의 말씀을 봅니다.
산의 말씀
나무의 말씀
바위 틈 푸르른 생명의 말씀.

귀를 막으면
더 아름답게 들리는 소리에
귀를 기울이며
감미로운 말씀을 듣습니다.

솔가지에 바람의 말씀
실개울 물의 말씀
모래 위에 새겨지는 감미로운 파도의 말씀.

주께서 감추어두신 신비가
목말라 갈급한 영혼을
촉촉히 적시는 이 아침을 선물합니다.

19. 12. 22.

성탄절

메리 크리스마스!
노숙자로 오신 당신은
혼탁한 세상에
캄캄한 어둠에 묻혀 있는
우리를 살리기 위하여 오신 빛이셨습니다.

무엇으로도 비교할 수 없는
귀하디귀한 당신이
무능하고 무지한 우리들을 깨우치시려고
낮고 천한 몸으로 말구유로 오셨네요

아직도 사람들은 모릅니다
왜 당신께서 황금보좌 버리고
냄새나는 마구간의 노숙자로 오셨는지

사람들은 당신이 하나님의 아들인 것을
도무지 모르고
저렇게 그냥 살면서
당신의 가슴을
당신의 숨결을 외면합니다.
그러면서
오늘이 무슨 날인지도 모른 채
축제를 합니다.

춤추고 노래하며 어둠이 빛인 양
작은 조명에 영혼을 띄웁니다.

아무리 기쁨을 찾으려 하지만 찾을 수가 없어요.
참 빛이신 당신을 보지 못하기 때문입니다.
아니, 보아도 알지 못하기 때문입니다.

그럼에도 한없는 기다림으로
"내 너를 사랑한다."
"내 너 하나 때문에……" 하시며
오신 주님이시여!!
그래서 당신은 모든 영혼의 빛이십니다.
그래서 오늘이 거룩한 날입니다.
그래서 오늘 우리는 두 손 모아 촛불을 밝힙니다.

19. 12. 25.

코로나19 성탄절

신발을 벗고 허리를 굽혀
마침내 불을 밝힙니다.
빛으로 오신 주여!
2020년 성탄절.
보이지 않는 잡균 하나 때문에
갇혀버린 자유가 불편하여 간구합니다.
헛되이 보냈던 지난 모든 성탄절을 용서하시고
진정한 성탄의 의미를 바로 깨닫게 하옵소서.

화려한 왕궁의 요람이 아닌
여물통에 누우신 의미를 알게 하시고
가난하고 천한 목동의 인사를
먼저 받으신 까닭을 깨닫게 하소서.

인류의 죄를 속량하기 위해
가장 낮은 곳으로 임하신 예수님
영광과 존귀를 버리고
가난과 고통을 스스로 택하신 예수님
저도 당신과 같이,
아니 더 낮은 곳에 있게 하소서.

헛된 욕망 비우라고 빈 주머니 주시고
헛된 교만 버리라고 질병 고통 주셔서

가난한 마음 겸손한 몸으로
무흠하신 아기 예수님 모실
정결한 구유 하나 마련하게 하시니 감사하나이다.

더 비우고 나누게 하시고
비난도 달게 받는 겸허함으로
오직 예수님 때문에 기쁨을 갖게 하시고
계층은 다르나
어려운 이웃들의 숭고한 삶에서
예수님을 만나게 하소서.

약함과 아픔과 고통을 통하여,
건강 때문에 알 수 없었던,
기쁨에 가려 느낄 수 없었던,
쾌락 때문에 놓쳐버렸던
삶의 참맛을 이 성탄절에 꼭 맛보게 하소서.

오! 아기 예수님 내 마음에 오소서!
내 마음에 영원히 모시고 닮아가게 하소서.

20. 12. 25.

성탄절 2

잃어버린 한 마리 양 찾으려고
성탄하신 예수님!

굶주리고 헐벗은 가난한 자들의 탄식에
복된 소식으로 임하시려
가장 낮고 천한 곳을 택하신 예수님!

마음이 상하고 몸이 병든 자를 고치시려
친히 상처입은 치유자 되신 예수님!

소외된 자 억눌린 자 포로된 자들
자유하게 하며
친구 되어 소망을 갖게 하신 예수님 사랑합니다.

21. 12. 25.

고맙습니다

하루하루를 새기듯이 기억하며
여기까지 함께 왔어요.
모자람이 많아서 때로는 실수도 하고
실례도 있었지만
같이 와 주셔서 감사합니다.
기도와 격려가 그야말로 저에게 동력이었습니다.
고맙습니다.
다가오는 모든 시간도
같이 맞을 수 있다면 행복할 거예요.

오늘　여기
늘　기
지　행
금　복

[부록]
책 속의 사자성어

심산유곡(深山幽谷): 깊은 산속의 으슥한 골짜기.
전화위복(轉禍爲福): 재화(災禍)가 바뀌어 오히려 복(福)이 됨.
유구무언(有口無言): 입은 있으나 말이 없다는 뜻으로, 변명이나 항변할 말이 없음.
팔언 율시(八言律詩): 한시의 한 체. 여덟 구로 이루어지며 '오언 율시'와 '칠언 율시'도 있음. .
망연자실(茫然自失): 멍하니 정신이 나간 듯함. 갑작스런 사고 소식에 ~하다.
동병상련(同病相憐): 같은 병을 앓는 환자끼리 서로 가엾게 여긴다는 뜻으로, 어려운 처지에 있는 사람끼리 서로 동정하고 도움.
기암괴석(奇岩怪石): 기묘한 바위와 괴상하게 생긴 돌.
무릉도원(武陵桃源): 〔도연명(陶淵明)의 〈도화원기(桃花源記)〉에 나오는 선경(仙境) 이야기에서〕 세속을 떠난 별천지.
무념무상(無念無想): 무아(無我)의 경지에 이르러 일체의 상념이 없음.
명경지수(明鏡止水): 맑은 거울과 고요한 물이란 뜻으로, 맑고 고요한 심경을 이름.
화무십일홍(花無十日紅): 열흘 붉은 꽃이 없다는 뜻으로, 한 번 성한 것은 얼마 가지 않아 반드시 쇠해짐을 이르는 말.
난세영웅(亂世英雄): 전쟁이나 사회의 무질서 따위로 세상이 어지러울 때 지혜와 재능이 뛰어나고 용맹하여 보통 사람이 하기 어려운 일을 해내는 사람.

고진감래(苦盡甘來): 고생 끝에 즐거움이 옴.
녹음방초(綠陰芳草): 푸르게 우거진 나무와 향기로운 풀《여름철의 자연경관을 가리키는 말》.
천지사방(天地四方): 하늘과 땅. 우주. 세상. 대단히 많음. 동·서·남·북의 네 방위의 총칭. 둘레의 모든 방향. 여러 곳. 주위 일대.
만화방창(萬化方暢): 따뜻한 봄날에 온갖 생물이 나서 자라 흐드러짐.
유유자적(悠悠自適): 속세를 떠나 아무 속박 없이 자기 마음대로 자유롭고 마음 편히 삶.
지고지순(至高至順): 지극히 높고. 지극히 순함. 아주 고분고분함.
성산일출(城山日出): 성산일출봉의 해돋이.(영주1경)
희로애락(喜怒哀樂): 기쁨과 노여움과 슬픔과 즐거움.
사봉낙조(紗峰落照): 제주시에 있는 사라봉에서 바라보는 해넘이를 말한다.(영주2경)
영구춘화(瀛邱春花): 제주시 방선문, 한천 계곡. 제주참꽃이라 불리는 철쭉꽃이 절벽을 붉게 물들이고 또한 맑은 계곡물에 비쳐 계곡 전체가 붉은 꽃으로 덮이면 감탄이 절로 나온다.(영주3경)
귤림추색(橘林秋色): 귤밭에 추풍 부니 벌판은 온통 황금. 제주 감귤은 예부터 유명하다. 껍질이 얇고, 탱

정방하폭(正房夏瀑): 탱하며, 과즙이 많아 세계에서 제일 맛이 좋다.(영주5경)

정방하폭(正房夏瀑): 정방폭포는 동양에서 유일하게 땅에서 바다로 바로 떨어지는 해안폭포다.(영주4경)

기화요초(琪花瑤草): 아름다운 꽃과 풀.

녹담만설(鹿潭滿雪): 백록담에 쌓인 눈.(영주6경)

산포조어(山浦釣魚): 옛날 관문인 산지포구(지금의 제주항)에 강태공들이 한가롭게 낚시줄을 드리운다.(영주9경)

고수목마(古藪牧馬): 제주는 예부터 말의 방목과, 서울 진상으로 유명하다. 완만한 경사를 이루고 있는 한라산 자락의 탁 트인 초원지대에서, 수백 마리의 조랑말이 떼 지어 한가로이 풀을 뜯고 있는 모습은, 이곳만의 정취이기도 하다.(영주10경)

영실기암(靈室奇巖): 신이 거주하는 바위무리로 기치창검처럼 날카롭다. 춘화, 녹음, 단풍, 설경 등 사계절 내내 아름다운 모습과 울창한 수림이 어울려 빼어난 경치를 보여준다. 특히 설경은 가히 몽환적이다. 한라산 정상의 남서쪽 산허리에 깎아지른 듯 기암괴석들이 하늘로 치솟았다. 석가여래가 설법하던 영산(靈山)과 흡사하다 하여, 이곳을 영실(靈室)이라 일컫는데, 병풍바위에 오백

나한(오백장군)이 즐비하다.(영주7경)

산방굴사(山房窟寺): 산방굴은 천장에서 약수가 떨어지며, 굴사 벽에는 옛날 지방 관속들의 시문 암각(岩刻)이 더러 있다.(영주8경)

풍류가객(風流歌客): 아름답고 시원스러우며, 품격에 맞도록 멋있게 노는 음악인을 뜻한다.

용연야범(龍淵夜泛): 제주도 용연계곡에서 옛 선인들이 밤놀이를 했던 풍경을 말한다. 테우뱃놀이를 즐겼던 곳으로도 유명하다.(영주11경)

서진노성(西鎭老星): 서귀포에서 바라보는 노인성 또는 서귀진지 위에서 내려다보는 바다풍경.(영주12경)

호국영령(護國英靈): 국가의 부름을 받고 전장에 나가 천하보다 귀한 자기 목숨을 바쳐 나라를 지키다 희생된 이들을 말한다.

신록융단(新綠絨緞): 늦봄이나 초여름에 새로 나온 잎의 푸른 빛이 융단처럼 깔려 있는 풍경을 묘사하는 말.

호연지기(浩然之氣): ① 하늘과 땅 사이에 가득 찬 넓고 큰 원기(元氣).
② 사물에서 해방되어 자유스럽고 유쾌한 마음.

좌불안석(坐不安席): 앉아 있어도 자리가 편안하지 않다는 뜻으로, 불안·근심 등으로 한군데에 가만히 앉아 있지 못하고 안절부절못하는 모양을 이르는 말.

안절부절: 마음이 초조하고 불안하여 어찌 할 바를 모르는 모양.

명경지수(明鏡止水): 맑은 거울과 고요한 물이란 뜻으로, 맑고 고요한 심경을 이름.

요산요수(樂山樂水): 산과 물을 좋아함. 곧, 자연을 즐기고 좋아함.

희희낙락(喜喜樂樂): [히히낭낙] 매우 기뻐하고 즐거워함.

호시부지(好時不知): 좋을 때를 알지 못한다는 뜻.

금지언향(今之言香): 미움을 앞세우면 상대편의 장점이 사라지고 사랑을 앞세우면 상대편의 단점이 사라진다는 뜻.

화양연화(花樣年華): 꽃처럼 아름다운 시절 또는 인생에서 가장 아름다운 순간을 의미한다. 주로 청춘의 시기나 인생에서 가장 빛나고 행복했던 순간을 표현할 때 사용된다.

변화무쌍(變化無雙): 변화가 비할 데 없이 심함.

생자필멸(生者必滅): 생명이 있는 것은 반드시 죽음.

회자정리(會者定離): 사람은 누구나 만나면 헤어지기 마련이라는 뜻으로, 인생의 무상함을 이르는 말.

일모도원(日暮途遠): '날은 저물고 갈 길은 멀다'는 뜻의 사자성어로, 해야 할 일이 많지만 시간이 부족한 상황을 비유적으로 표현한 말.

도행역시(倒行逆施) 차례를 바꾸어 행함.

풍찬노숙(風餐露宿): 바람과 이슬을 맞으며 한데에서 먹고 잔다는 뜻으로, 객지에서 겪는 모진 고생을 이르는 말.
천진난만(天眞爛漫): 말이나 행동에 아무런 꾸밈이 없이 순진하고 천진함.
예나지나: 옛날이나 지금이나. 늘 한결같이.
이팔청춘(二八靑春): 16세 무렵의 꽃다운 청춘. 또는 혈기 왕성한 젊은 시절.
북풍한설(北風寒雪): 북쪽에서 불어오는 찬바람과 차가운 눈.
연모지정(戀慕之情): 이성을 사랑하여 간절히 그리워하는 마음.
망극지은(罔極之恩): 한없는 은혜
맹그로브(mangrove): 열대 또는 아열대의 해안이나 하구 따위의 습한 땅에서 자라는 관목이나 교목을 통틀어 이르는 말. 뾰족한 가지를 떨어뜨려 번식.
크로노스(Cronos): 크로노스는 자연스럽게 흘러가는 물리적 시간, 객관적 시간을 뜻한다. 지구가 공전과 자전을 반복하며 매일 낮과 밤이 찾아오고, 해가 뜨고 지는 시간 동식물이 태어나 자라고 늙고 병들어 죽어가는 시간이 크로노스에 해당한다.
카이로스(kairos): 하나님의 정해진 시간.
맹추지절(孟秋之節): 가을에 들어서는 시기.
산천초목(山川草木): 산과 내와 풀과 나무라는 뜻으로, 자연을 이르는 말
녹의홍상(綠衣紅裳): 연두저고리에 다홍치마라는 뜻으로, 젊은

여자의 고운 옷차림을 이르는 말.

만산홍엽(滿山紅葉): 단풍이 들어 온 산이 붉게 물들어 있음. 또는 온 산에 붉게 물든 나뭇잎.

다사다난(多事多難): 여러 가지 일이 많기도 하고 어려움도 많음.

안성맞춤 (安城—): (경기도 안성 지방에서 맞춘 유기와 같다는 뜻에서)① 맞춘 것 같이 잘 맞는 사물을 가리키는 말. 은신처로는 ~이다. ② 계제에 들어맞게 잘된 일을 두고 하는 말.

인산인해(人山人海): 사람이 수없이 많이 모인 상태.

송구영신(送舊迎新): 묵은해를 보내고 새해를 맞음.

고진감래(苦盡甘來): 고생 끝에 즐거움이 옴.

풍수지리(風水地理): 지형·방위의 길흉을 판단해 죽은 사람을 매장하거나 집을 짓는 데 적당한 장소를 점쳐서 구하는 이론

우환질고(憂患疾苦): 근심과 걱정과 질병과 고생.

시나브로: 모르는 사이에 조금씩.

삼라만상(森羅萬象): 우주에 존재하는 온갖 사물과 현상. 만휘군상.

곰비임비: 물건이 거듭 쌓이거나 일이 거듭되는 모양.

상경하애(上敬下愛): 윗사람을 공경하고 아랫사람을 사랑하는 것

환골탈태(換骨奪胎): ① 고인의 시문의 형식을 바꾸어 짜임새와 수법이 보다 잘되게 함을 이르는 말. ② 사람이 전보다 훨씬 나아져서 딴사람처럼 됨.

전인목회: 인간의 세 가지 심적 요소인 지성, 감정, 의지를 균형

있게 갖추어 원만한 목회

스란치마: 폭이 넓고 입으면 발이 보이지 않는 긴 치마.
세시풍속(歲時風俗): 일상생활 장면이나 사철의 풍속
공사다망(公私多忙): 공적·사적인 일 등으로 매우 바쁨.
데면데면: ① 성질이 꼼꼼하지 않아서 행동이 신중하지 않거나 조심성이 없는 모양. ~한 사람이라 실수가 많다.
② ~하게 대하다.
안다로미: 그릇에 넘치도록 많이
초아너울: 초처럼 자신을 태워 세상을 비추다. 바다에 나는 큰 물결.
화무가곡: 화려한 춤과 좋은 노래
가온길: 정직하고 바른 가운데(가온대: 옛말) 길로 살아가라고 지은 이름.
가라사니: 사물을 판단할 수 있는 지각이나 실마리의 순우리말.
백구과득(白駒過隙): 흰 말이 빨리 달리는 것을 문틈으로 본다는 뜻으로, 인생이나 세월이 덧없이 짧음을 이르는 말이다.
거자필반(去者必返): 헤어진 사람은 언젠가 반드시 돌아오게 됨.
애국애족(愛國愛族): 자기 나라와 자기 민족을 사랑하는 것.
고관대작(高官大爵): 지위가 높고 훌륭한 벼슬. 또는 그 지위의 사람.
안하무인(眼下無人): 눈 아래에 사람이 없다는 뜻으로, 방자하고 교만하여 남을 업신여김을 이르는 말. 안중무인(眼中無人).

적반하장(賊反荷杖): 도둑이 도리어 매를 든다는 뜻으로, 잘못한 사람이 도리어 잘한 사람을 나무라는 경우에 쓰는 말.